Erfolgsrhetorik

Reden und Präsentationen erfolgreich meistern

Lothar Haase

So nutzen Sie dieses Buch

Die folgenden Elemente erleichtern Ihnen die Orientierung im Buch:

Beispiele

In diesem Buch finden Sie zahlreiche Beispiele, die die geschilderten Sachverhalte veranschaulichen.

Definitionen

Hier werden Begriffe kurz und prägnant erläutert.

> **!** Die Merkkästen enthalten Empfehlungen und hilfreiche Tipps.

Auf den Punkt gebracht

Am Ende jedes Kapitels finden Sie eine kurze Zusammenfassung des behandelten Themas.

Inhalt

Vorwort von Brigitte Ruhleder

Wenn Sie eines Tages mit Begeisterung und ohne großen Stress vor Ihr Publikum treten, dann haben Sie Ihr Ziel erreicht. Doch fassen Sie sich kurz, damit es Ihnen nicht so ergeht, wie es der Dichter Karl-Heinz Söhler so treffend beschrieb:

> *„Die Rede machte, viel zu lang,*
> *vor Langeweile schon fast krank.*
> *Die Hörer drohten einzunicken*
> *und viele Köpfe abzuknicken.*
> *Der Beifall quoll dann wunderbar,*
> *erleichtert, weil's zu Ende war.*
> *Der Redner legte den Applaus*
> *geschmeichelt sich ganz anders aus."*

Vor eine Gruppe zu treten und einen Vortrag zu halten, gehört heute ab einer bestimmten Position zum beruflichen Alltag. Auch im Privatleben – in der Familie oder im Freundeskreis – gibt es viele Gelegenheiten, bei denen wir vor Publikum sprechen können. Doch viele von uns leiden unter Redeangst. Sobald wir aufstehen, versetzen uns Botschaften aus unserem Inneren in Panik. Der Körper schüttet Adrenalin aus, die Hände werden feucht, die Knie zittern, die Stimme versagt …

Dieses Buch soll Ihnen das nötige Rüstzeug vermitteln, damit Sie eine solch heikle Situation besser bewältigen können. Der Erfolg Ihrer Rede hängt davon ab, dass Sie wirkungsvolle Strategien entwickeln und sie zum richtigen Zeitpunkt anwenden. Eine durchdachte Rhetorik, ein gewisses Maß an Schlagfertigkeit, die Fähigkeit, ohne große

Mühe eine lockere Konversation zu führen – diese Eigenschaften werden Ihnen in allen Bereichen mehr Sicherheit geben und zu höherem Ansehen verhelfen.

„Rhetorik" bedeutet „Redekunst". Seit über 2000 Jahren bemüht sich die Menschheit um die Vervollkommnung dieser Fähigkeit. Tun Sie dies auch – und Sie werden feststellen, dass es Ihnen Freude macht, immer tiefer in diese Kunst einzutauchen. Machen Sie sich auf den Weg und suchen Sie nach Möglichkeiten um Ihre Techniken zu optimieren und so von Tag zu Tag selbstsicherer und souveräner zu wirken.

Wenn Sie Ihren Weg kontinuierlich gehen, werden Sie viele positive Erfahrungen sammeln. Ihre Persönlichkeit wird sich weiterentwickeln. Bei der Umsetzung Ihrer Ziele wünsche ich Ihnen viel Erfolg.

Brigitte Ruhleder

Vorbereitung einer Rede

Ein guter Redner wurde gefragt, wie viel Zeit er zur Vorbereitung einer Rede benötigt. Seine Antwort: „Etwa zwanzig Jahre." Dies sollten wir natürlich nicht wörtlich nehmen. Doch es ist sicher eine Tatsache, dass viele Redner Ihre Aufgabe allzu leicht nehmen und den Inhalt Ihres Vortrags nicht gründlich durchdenken. Sie sind nicht in der Lage, die Vorbereitung als schöpferische Arbeit zu sehen und bringen sich selbst um die Freude, die ein gelungenes Spiel mit Worten und Formulierungen bereiten kann.

Zu einer sorgfältigen Vorbereitung gehören bestimmte Arbeitsgänge, die sich zeitlich allerdings überschneiden können. Nach der Festlegung des Themas sind folgende Aspekte wichtig:

1. Zuhörer und Ziele
2. Stoffsammlung, Auswahl und Redezeit

Zuhörer und Ziele

Die Zuhörer

Was ist ein Redner ohne Zuhörer? Stellen Sie sich diese Frage, so ist von vornherein klar, dass der Zuhörer im Mittelpunkt Ihrer Überlegungen stehen muss. Doch viele Redner haben zu wenig Einfühlungsvermögen, Sie berücksichtigen nicht die Wünsche und Bedürfnisse ihrer Zuhörer. Oft konzentrieren sie sich zu sehr auf ihr Thema, wollen ihr brillantes Fachwissen unbedingt „an den Mann" bringen.

Oder das Gegenteil ist der Fall: Sie sind von ihrem Thema schlicht überfordert.

Wenn Sie als Redner Erfolg haben möchten, sollten Sie sich zunächst einmal die Mühe machen, sich auf Ihre Zuhörer einzustellen. Versetzen Sie sich in ihre Lage, soweit Ihnen dies möglich ist, und fragen Sie sich:

▸ Welche Erwartungshaltung haben Ihre Zuhörer?

▸ Welche Vorkenntnisse dürfen Sie voraussetzen?

▸ Wie ist ihr Bezug zum Thema?

▸ Ist Ihr Publikum parteipolitisch festgelegt?

▸ Gehören Ihre Zuhörer Vereinen oder Verbänden an?

▸ Sollten Sie Rücksicht auf religiöse oder ethnische Besonderheiten nehmen?

Bildung und gesellschaftliche Stellung

Der Dichter Molière sagte einmal: „Wer so spricht, dass er verstanden wird, spricht immer gut!" Überlegen Sie also unbedingt, welchen Bildungsstand Ihre Zuhörer haben.

▸ Gehören alle einer einzigen Branche an oder müssen Sie Ihre Ausführungen Vertretern verschiedener Berufsgruppen transparent machen?

▸ Sprechen Sie vor Angestellten, Handwerkern oder Beamten? Sind es Freiberufler oder Unternehmer?

▸ Haben einige Zuhörer eine herausragende Funktion oder sind sie bekannte Persönlichkeiten?

▸ Sprechen Sie zu Experten oder zu Personen, die über Ihr Thema durchschnittlich informiert sind?

Wer gründlicher voraussieht, hat seltener das Nachsehen. Versuchen Sie die Dinge aus der Sicht Ihrer Zuhörer zu betrachten. Je besser Sie sich in Ihr Publikum hineinversetzen können, umso häufiger werden Sie während der Rede nicht nur seinen Verstand, sondern auch sein Herz treffen.

Die Ziele

„Nachdem wir das Ziel endgültig aus den Augen verloren hatten, verdoppelten wir unsere Anstrengungen."
(Mark Twain)

So sollte es natürlich nicht sein! Blinder Aktionismus schadet nur. Je klarer das Ziel, umso leichter wird der Weg für Sie sein. Überlegen Sie genau, was Sie bei den Zuhörern erreichen möchten. Je mehr Zeit Sie sich hierfür nehmen, desto besser. Für einen überzeugenden Vortrag ist es unerlässlich, ein genau definiertes Ziel anzusteuern. Haben Sie dies geklärt, können Sie den weiteren Weg festlegen.

Wenn Sie in beruflichem Kontext eine Rede halten, so führen Sie sich bei der Zieldefinition die Anfangsbuchstaben des Wortes SMART vor Augen:

▸ **S**ignifikant

▸ **M**essbar

▸ **A**usführbar

▸ **R**ealistisch

▸ **T**ermingerecht

Bitte beachten Sie dabei, dass nicht das, was Sie alles sagen möchten, das Ziel ist, sondern das, was Sie mit Ihren Ausführungen erreichen wollen. Ihr Ziel bestimmt den Weg, den Sie während Ihres Vortrags beschreiten werden.

Ihre Ziele können sein:

▸ *Interesse wecken*

▸ *Informieren und erklären*

▸ *Wissen vermitteln*

▸ *Erfahrungen weitergeben*

▸ *Motivieren und überzeugen*

▸ *Um Verständnis werben*

▸ *Entscheidungen herbeiführen*

Denken Sie darüber nach, ob diese Liste alle Ihnen wichtigen Punkte enthält. Vielleicht können Sie persönliche Ziele hinzufügen, die für Sie von Bedeutung sind.

Legen Sie Ihre Prioritätenliste schriftlich fest. Schauen Sie sich ihr Redekonzept stets kritisch unter diesen Gesichtspunkten an.

Wenn Sie alle Aspekte berücksichtigt haben, so wird Ihr Vortrag mit Sicherheit nicht am Thema vorbeigehen.

Stoffsammlung, Auswahl und Redezeit

Wer hat das noch nicht erlebt? Sie hatten eine tolle Idee, einen guten Gedanken – vielleicht beim Autofahren oder beim Spazierengehen. Wollen Sie diese Eingebung dann bei der Formulierung einer Rede verwerten, fällt es Ihnen nicht mehr ein. Deshalb schlage ich Ihnen vor:

> Notieren Sie Ihre Gedanken und spontanen Eingebungen, erstellen Sie eine „Ideensammlung" – vielleicht in einem Karteikasten oder einem elektronischen Archiv.

Sie werden feststellen, dass eine Idee die nächste entstehen lässt. Je individueller und persönlicher Sie die Inhalte Ihrer Rede auf Ihr Publikum abstimmen, desto leichter und interessierter wird es den Stoff aufnehmen.

Viele Redner haben Sorge, dass sie nicht genug Material über ihr Thema finden. Diese Angst ist unbegründet, denn es gibt genügend Quellen. Eine gute Rede lebt nicht nur von Ihrem Fachwissen, auch Ihre persönlichen Erfahrungen sind für Ihr Publikum von Interesse. Ihr Vortrag wirkt lebendiger und überzeugender, wenn Sie sich nicht ausschließlich als Spezialist, sondern als Mensch mit Herz präsentieren.

Die Stoffsammlung

Da sich nicht alle Gedanken spontan entwickeln, empfehle ich Ihnen eine systematische Stoffsammlung. Dies ist sicherlich ein hoher Aufwand, doch die Mühe lohnt sich.

Gehen Sie zunächst nicht logisch vor, um Ihre Rede zu erarbeiten. Erstellen Sie eine Liste, in der Sie alle Informationen notieren. In einem weiteren Schritt werden diese Informationen gewichtet, verknüpft und durch Ihre Ideen ergänzt.

Quellen für Ihre Stoffsammlung können sein:

▸ *Internet/Homepages*
▸ *Fachbücher und Zeitschriften*
▸ *Kataloge*
▸ *Presseberichte*
▸ *Aufzeichnung von Fernsehsendungen*
▸ *Protokolle von Rundfunksendung (Diese können Sie beim Sender anfordern.)*
▸ *Büchereien und Archive*
▸ *Seminarunterlagen*
▸ *Kollegen, Experten, Freunde*
▸ *Forschungsergebnisse*
▸ *Vorträge*

Stoffauswahl und Gewichtung

Was tun Sie nun mit dem vielen Stoff, den Sie gesammelt haben? Gehen Sie systematisch vor. Überlegen Sie, welche der gesammelten Fakten, Daten, Argumente, Beispiele, Zahlen und Bilder für die Zuhörer am überzeugendsten klingen.

Gewichten Sie Ihre Argumente nach A, B und C. So setzen Sie die richtigen Prioritäten:
A = Argument muss genannt werden
B = Argument kann genannt werden
C = Rand- und Hintergrundinformationen

Bei der weiteren Entwicklung des Inhalts Ihrer Rede versuchen Sie bitte, Ihr Publikum einzuschätzen:

▸ Welches Interesse besteht an Ihrem Thema?

▸ Welche Zusammenhänge sind für Ihre Zuhörer nachvollziehbar?

Ihre Zuhörer sollten Ihre Rede verstehen und Ihre Aussagen akzeptieren können. Bitte beachten Sie stets, dass Ihre Argumente und Sichtweisen für Ihr Publikum eventuell neu sind. Sie können während des Vortrags nicht all das mitteilen, was Sie sich in Monaten oder Jahren erarbeitet haben. Denken Sie daran, dass Nicht-Fachleute in der Regel weniger verstehen, als Sie voraussetzen. Deshalb ist es wichtig, die Schwerpunkte und Inhalte so zu wählen, dass Sie Ihr Redeziel in der vorgegebenen Zeit erreichen.

Die Redezeit

Es gibt Veranstaltungen, bei denen die Redezeit genau vorgegeben wird. Dies sollten Sie bei der Auswahl des Stoffes unbedingt beachten. Tabellen, Bilder oder Hilfsmittel, die Sie bei Ihrer Rede einsetzen, kosten Zeit. Dies gilt auch für Einwände und Fragen aus dem Publikum, die Sie beantworten möchten. Versuchen Sie, die Sachlage einzuschätzen und planen Sie dies in Ihren zeitlichen Rahmen ein.

Auf den Punkt gebracht

Wenn Sie eine Rede entwerfen, sollten Sie zuallererst wissen, wer Ihre Zuhörer sein werden. Denn der Inhalt Ihres Vortrags und die Art, wie Sie Ihre Botschaft vermitteln, hängen maßgeblich von Ihrer Zielgruppe ab.

Als Nächstes legen Sie eine Stoffsammlung an. Dazu notieren Sie zunächst alles, was Ihnen einfällt. Erst danach treffen Sie eine Auswahl der Punkte, die Sie verwenden wollen – in Abhängigkeit vom Ziel Ihrer Rede, der Zielgruppe und der Ihnen zur Verfügung stehenden Redezeit.

Aufbau und Gliederung einer Rede

„Ich muss Dir heute einen langen Brief schreiben,
denn für einen kurzen habe ich leider keine Zeit."
(Johann Wolfgang v. Goethe)

Eine Rede erfordert viel Vorbereitung und Konzentration, wenn innerhalb kurzer Zeit alles Wesentliche gesagt werden soll. Einen roten Faden zu erstellen ist viel schwieriger als die lose Aneinanderreihung von Ideen und Gedanken. Gliedern Sie Ihre Rede nach Einleitung, Hauptteil und Schluss. Für die Einleitung und den Schluss benötigen Sie etwa 15 bis 20 Prozent der Redezeit. Eine solche Standardgliederung können Sie systematisch weiter strukturieren. Das folgende Schema und die Erklärungen dazu werden Ihnen in Zukunft den Aufbau Ihres Vortrags erleichtern.

Einleitung

▸ Interessanter, packender Einstieg

▸ Begrüßung, Vorstellung des Themas

▸ Zeit, Ziel, Ablauf

▸ Dank, Vorstellung

Hauptteil

▸ Darstellung der Fakten/der derzeitigen Situation

▸ Folgerungen

▸ Kernstück der Rede

▸ Schluss des Hauptteils

Schluss

▸ Interessanter, packender Schluss

Die Einleitung

Der interessante, packende Einstieg

Der erste Eindruck ist entscheidend – und der letzte bleibt. Dieser Satz drückt deutlich aus, wie wichtig ein packender Beginn und ein einprägsames Schlusswort sind. Ideal ist es, wenn Sie zwischen Beginn und Schluss einen Spannungsbogen aufbauen können.

Am Anfang Ihrer Rede haben Sie zunächst die Aufgabe, die Aufmerksamkeit Ihrer Zuhörer zu gewinnen und den Kontakt herzustellen. Daher ist ein spannender Einstieg von großer Bedeutung für den Erfolg Ihres Vortrags. Denn: Wie Sie starten, so liegen Sie im Rennen! Für einen gelungenen Start gibt es eine Reihe erprobter Möglichkeiten.

Zitat

Das Zitat soll treffend und für den Zuhörer verständlich sein. Gehen Sie sparsam mit diesem Stilmittel um. Sie möchten sicher nicht, dass Ihr Publikum Ihnen unterstellt, Sie hätten keine eigenen Gedanken.

Eröffnung einer Weinprobe in Frankfurt/Main:

„Das Leben ist zu kurz, als dass man schlechten Wein trinken könnte! – Mit diesen Worten von Johann Wolfgang von Goethe, einem Sohn dieser Stadt, eröffne ich die heutige Weinprobe. Liebe Gäste, liebe Freunde, ich begrüße Sie herzlich im Namen der Weinbörse. Das heutige Thema unserer Verkostung lautet: Die großen Bordeaux-Jahrgänge 1988, 1989 und 1990. …"

Humor

Mit Humor brechen Sie das Eis. Wenn Sie jedoch nicht sicher sind, dass Sie der passende Typ für diesen Einstieg sind und dass die Pointe gut ankommt, verzichten Sie besser darauf! Selbstverständlich machen Sie niemals Scherze auf Kosten von Schwächeren, Minderheiten, Andersdenkenden und -gläubigen!

Beginn eines Fahrer-Sicherheitstrainings:

„Nur fliegen ist schöner! – Sie alle kennen diesen Werbespruch. Doch bitte testen Sie das nicht mit Ihren Autos in den nächsten sechs Stunden … Herzlich willkommen beim Sicherheitstraining des ADACs. Ablauf und Ziel dieser Veranstaltung sind Ihnen ja bekannt. Ich bin Klaus Wagner, Sicherheitsbeauftragter …"

Visualisierung, Demonstration

„Licht aus – Spot an", war das Motto einer erfolgreichen Fernsehserie. Ein Dia, ein Bild, ein Chart oder ein Film verfehlen ihre Wirkung in den seltensten Fällen. Auch eine gut vorbereitete Demonstration (Licht- oder Klangeffekt) ist geeignet.

Test von Fahrrad-Helmen:

Der Helm liegt auf dem Boden. Der Sprecher lässt eine Eisenplatte aus einem Meter Höhe auf den Helm fallen.
„Dies entspricht einem Zusammenstoß zweier Fahrräder mit jeweils 20 km/h. Hätten Sie dabei auch lieber einen Helm getragen, meine Damen und Herren? Unser heutiges Ziel ist es, das Sicherheitsbewusstsein bei Ihnen und Ihren Kindern zu steigern. …"

Fragen oder rhetorische Fragen

Fragen sind ein gutes Mittel, um die Denkvorgänge Ihrer Zuhörer zu aktivieren. Bei einer gezielten Frage erwarten Sie die Antwort aus dem Publikum. Stellen Sie jedoch eine rhetorische Frage, so beantworten Sie diese selbst. Vermeiden Sie unbedingt eine zu lange Pause, denn dadurch könnten Sie unerwünschte Zwischenrufe provozieren.

Eröffnung einer Werbeveranstaltung:

Vor dem Sprecher steht ein Glasbehälter, gefüllt mit einem Waschmittel.
„Was glauben Sie, meine Damen und Herren, wie viel Kilogramm Wäsche können Sie mit dieser Menge Ultraweiß porentief waschen?"

Provokation

Achtung! Eine provozierende These kann die Zuhörer gegen Sie aufbringen. Benutzen Sie deshalb die Frageform. Diese Methode ist nur für geübte Redner geeignet, die über eine starke Persönlichkeit und ein großes Maß an Selbstbewusstsein verfügen.

Beginn einer Informationsveranstaltung:

„An dieser Veranstaltung nehmen 28 Damen und Herren teil. 14 von Ihnen werden nicht in der Lage sein, dem Inhalt intellektuell zu folgen. Die anderen begrüße ich recht herzlich."

Anknüpfungstechnik

Sie können aus der Situation heraus reagieren und an die Worte Ihres Vorredners anknüpfen. Dies sollten Sie jedoch nur tun, wenn dessen Ausführungen den Beifall des Publikums gefunden haben.

Bei einer Veranstaltung eines Finanzinstituts:

„Sehr geehrte Damen und Herren, Herr Dr. Wagner deutete in seinem Vortrag über ‚Steigerung der Rendite' bereits an, dass der Bereich Risikoabsicherung in Zukunft immer mehr an Bedeutung gewinnen wird. Mein Vortag, der etwa 30 Minuten dauern wird, soll Ihrem starken Interesse an diesem Thema gerecht werden. Ich begrüße Sie herzlich zu dem Vortrag ‚Risikoabsicherung unter Berücksichtigung der Globalisierung'. …"

Eigener Reim

Haben Sie das Talent zum Dichter, so reimen Sie einen spritzigen Zwei- oder Vierzeiler. Dieser Einstieg eignet sich meist nur für einen lockeren, privaten Rahmen.

Bei einer Familienfeier:

„Die letzte Zeit war nicht so gut, doch die Entwicklung macht uns Mut. Liebe Tante Gerda, lieber Onkel Jochen, liebe Familie. Wir haben uns heute getroffen, um …"

Aktuelles Ereignis

Wenn Sie sich bei der Darstellung Ihres Themas auf ein aktuelles Ereignis, zum Beispiel ein Tagesereignis, beziehen können, signalisieren Sie, dass Sie aktuell und umfassend informiert sind. Überlegen Sie, ob Sie sich auf eine Nachricht im Radio oder im Fernsehen stützen können oder zitieren Sie einen kürzlich gelesenen Zeitungsartikel.

> *Zu Beginn einer Konferenz über Familienpolitik:*
>
> *„Viele von Ihnen haben gestern in der Tagesschau den Bericht über die Entwicklung der Jugendkriminalität in Deutschland gesehen? Dieser Bericht unterstreicht die Wichtigkeit und die Aktualität dieser Konferenz. Ich begrüße Sie …"*
> *Oder:*
> *„Die für uns wichtigste Meldung in der FAZ vom heutigen Tage lautete: ‚Die Jungendkriminalität stieg im vergangenen Jahr um … Prozent.' Meine Damen und Herren, ich begrüße Sie …"*

Ernst

Bitte versuchen Sie so weit als möglich, den ernsten Beginn zu vermeiden – es sei denn, Sie halten eine Trauerrede. Schließlich hören wir doch alle lieber positive als negative Nachrichten! Ist Ihr Publikum erst einmal getragener Stimmung, wird es schwer für Sie, allgemeine Begeisterung zu wecken.

> *Eröffnung einer Tagung:*
>
> *„Die Steigerung im Branchendurchschnitt betrug im vergangenen Jahr 7,6 %. Unserer Unternehmen verzeichnete einen Verlust von 2,4 %. Das ergibt eine Differenz von 10 %. Meine Damen und Herren, angesichts dieser dramatischen Zahlen ist es unsere Aufgabe für die nächsten zwei*

> *Tage, die Weichen für eine erfolgreiche Zukunft zu stellen. Ich begrüße Sie hiermit, auch im Namen des Vorstandes zu unserer Jahrestagung. ..."*

Anekdote, eigenes Erlebnis

Die Anekdote als Einstieg eignet sich eher für erfahrene Redner. Schildern Sie Ihre Erlebnisse und versuchen Sie, mit Worten ein Bild zu malen. Sagen Sie auch, was Sie in der Situation gedacht und gefühlt haben.

> ### Tagung eines Touristikunternehmens:
> *„Vor 28 Jahren, während meines Studiums, war ich zum ersten Mal auf Mallorca. Ich war tief beeindruckt von der wunderschönen Landschaft. Seitdem hat sich das Gesicht der Insel dramatisch verändert ... Liebe Kollegen, heute und morgen werden wir über Wege zu einem sanften Tourismus sprechen. ..."*

Klassischer Einstieg

Wenn Sie keinen Beginn finden, den Sie mit Elan und Überzeugung vertreten können, so wählen Sie besser den klassischen Einstieg. Alles, was Sie sagen, sollte zu Ihrem Typ passen und glaubwürdig von Ihnen vertreten werden.

> ### Sind Sie unsicher, so beginnen Sie lieber mit:
> *„Sehr geehrte Damen und Herren, hiermit eröffne ich die zweite Sitzung des Golfclubs in diesem Jahr. ..."*
> Oder:
> *„Liebe Freunde, ich freue mich, dass es so viele von Euch geschafft haben, zu uns nach Hamburg zu kommen ..."*

Auf jeden Fall sollten Sie Floskeln und negative Formulierungen vermeiden. Die folgenden Aussagen bilden keinen guten Einstieg:

▸ Es ist mir eine große Ehre …

▸ Ich muss mich entschuldigen …

▸ Ich bin kein guter Redner …

▸ Wenn ich heute vor Ihnen das Wort ergreife …

▸ Schade, dass nur so wenige gekommen sind …

▸ Diese Rede kam sehr überraschend für mich, deshalb bin ich nicht gut vorbereitet.

▸ Werte Anwesende, …

▸ Ich freue mich, dass Sie so zahlreich erschienen sind.

▸ Ich will mich kurz fassen …

> Als Faustregel gilt: Machen Sie niemals auf etwas Negatives aufmerksam! Wenn Sie vor Ihr Publikum treten, sollten Sie von Ihrer Aufgabe begeistert sein!

Die Begrüßung und die Vorstellung des Themas

Die Begrüßung

In den ersten Minuten haben Sie die stärkste Aufmerksamkeit Ihrer Zuhörer. Deshalb ist eine gelungene Begrüßung von großer Bedeutung für den Erfolg Ihres Vortrags. Machen Sie es anders als andere! Die Standardbegrüßung „Meine sehr geehrten Damen und Herren" ist zwar korrekt, wirkt allerdings etwas unpersönlich. Besser ist es, durch die Anrede bereits einen persönlichen Kontakt zum Publikum herzustellen.

> **Sie könnten sagen:**
>
> ▶ *„Guten Tag, Herr Wagner, liebe Mitarbeiter, …"*
>
> ▶ *„Liebe Kollegen, liebe Freunde, …"*
>
> ▶ *„Liebes Brautpaar, liebe Gäste, …"*

Überlegen Sie sich im Vorfeld, ob die Anrede vertraulich oder seriös, kollegial oder formell sein soll. Wie wir bereits im Abschnitt zum passenden Einstieg (ab Seite 16) gesehen haben, kann es effektvoll sein, der persönlichen Ansprache zunächst einige verbindliche Sätze vorangehen zu lassen.

> Möchten Sie einzelne Personen besonders herausstellen, so nennen Sie deutlich Namen und Titel, denn wie heißt es doch so schön: „Die Eitelkeit ist das letzte Hemd, das der Mensch auszieht."

Erwähnen Sie einzelne Zuhörer, so liegt die Obergrenze bei etwa fünf. Sie laufen sonst Gefahr, dass sich jemand übergangen fühlt, der sich für ebenso wichtig hält. Befürchten Sie, dass Letzteres der Fall sein könnte, ist es klüger, einzelne Gruppen anzusprechen: „Ich begrüße die Vertreter von …" Bitte achten Sie darauf, dass Sie die Rangfolge einhalten. Es ist gefährlich, von allen Anwesenden eine lockere Einstellung zu diesem Punkt zu erwarten.

Wenn Sie zu Beginn Ihrer Rede die Gäste begrüßen, so halten Sie sich bitte an die protokollarische Rangfolge:

▸ Damen sind (auf gesellschaftlichem Parkett) ranghöher als Herren.

▸ Im Geschäftsleben beachten Sie bitte die Hierarchie.

▸ Ältere sind ranghöher als Jüngere.

▸ Fremde sind ranghöher als Verwandte.

▸ Ausländer sind ranghöher als Inländer.

▸ Mitarbeiter von fremden Unternehmen sind ranghöher als eigene Mitarbeiter.

Bei der Erstellung einer Rangordnung sollten Sie außerdem beachten, dass Sie bei der Einordnung einer Gruppe auch Lebens- und Dienstalter berücksichtigen.

Das Thema

Nennen Sie nun das genaue Thema. Die Verbindung zu Ihrem Einstieg (Zitat, Frage usw.) sollte für die Zuhörer deutlich erkennbar sein. Achten Sie darauf, dass Ihre ersten Ausführungen Spannung erzeugen. Ihr Publikum sollte aufgrund Ihrer Dramaturgie mehr über dieses Thema erfahren wollen. Eine positive Wirkung erzielen Sie stets, wenn Ihre Zuhörer in dem Thema einen Nutzen für sich erkennen.

> ### Sie könnten formulieren:
>
> *„In den nächsten 30 Minuten möchte ich Ihnen dabei helfen, eine wichtige Aufgabe besser und schneller zu bewältigen."*
> *Oder:*
> *„Die nächsten 30 Minuten sollten Ihnen neue Wege aufweisen, um …"*

Der Einstieg in das Thema wird Ihren Zuhörern erheblich leichter fallen, wenn Sie Ihre Ausführungen visuell durch Beamer, Flipchart oder andere Hilfsmittel verdeutlichen (siehe auch Seite 35).

Informationen über Zeit, Ziel und Ablauf

Zeit

> *„Sie können über alles sprechen,*
> *nur nicht über 20 Minuten."*

Die Konzentration Ihrer Zuhörer erlahmt schneller als Sie glauben! Je lebendiger Ihre Sprache und Ihr Umgang mit dem Thema sind, desto länger wird Ihnen Ihr Publikum interessiert zuhören. Deshalb ist es ratsam, in kleinen Zeitabständen Höhepunkte einzubauen, um Ihre Zuhörer zu „wecken". Geben Sie zu Beginn bekannt, wie lang Ihre Rede dauern wird. Ihr Publikum wird es Ihnen danken, wenn es weiß, wie lange es Ihnen gebannt folgen soll.

Wird Ihnen eine Redezeit vorgegeben, so wäre es schlechter Stil, sich nicht daran zu halten. Sie möchten sicher nicht undiszipliniert und unhöflich wirken.

Notieren Sie Ihre Zeiteinteilung am Rande Ihres Manuskripts. Wenn Sie zur Visualisierung mit Beamer, Flipchart oder anderen Hilfsmitteln arbeiten, so planen Sie auch die dafür benötigte Zeit ein. Wenn Sie während der Rede Fragen oder eine Diskussion erwarten, so berücksichtigen Sie das ebenfalls. Testen Sie schließlich, wie lange Ihr Vortrag in etwa dauern wird, indem Sie ihn probeweise halten und dabei die Zeit stoppen.

Der Erfolg Ihrer Rede hängt also nicht nur vom Inhalt ab, sondern auch von der sorgfältigen Zeitplanung.

Ziel

> *„Wenn du nicht weißt, wo du hin willst, musst du dich auch nicht wundern, wenn du nicht ankommst."*
> *(Mark Twain)*

Für den Zuhörer ist es interessant zu erfahren, welches Ziel Ihre Rede hat. Nur so kann er den Spannungsbogen erkennen und verfolgen. Viele erfolgreiche Reden enden mit einem Zielsatz. Ihre wichtigsten Gedankengänge können Sie mehrfach nennen, in gleicher oder in veränderter Formulierung. Weitere Ausführungen finden Sie auf Seite 9.

Ablauf

Informieren Sie Ihre Zuhörer über die Organisation und den Ablauf Ihres Vortrags.

Sie könnten sagen:

▸ *„Der Vortrag dauert etwa 40 Minuten, wir haben dann noch 20 Minuten für die Diskussion."*

▸ *„Wenn Sie Fragen haben, so können Sie mich jederzeit unterbrechen."*

▸ *„Nach dem Vortrag und der Diskussion laden wir Sie gegen 19:00 Uhr zu einem Imbiss ein."*

▸ *„Informationsmaterial erhalten Sie am Ende des Vortrags."*

Versetzen Sie sich in die Situation der Zuhörer und versuchen Sie ihre Wünsche und Bedürfnisse zu erahnen. Wenn Sie diese dann auch aussprechen, wird Ihnen Ihr Publikum das sicherlich danken.

Dank und Vorstellung

Bedanken Sie sich bei der Person, der Firma oder der Vereinigung, die Sie eingeladen hat. Wann immer möglich, sagen Sie ein paar verbindliche Worte über Ihren Gastgeber. Häufig wird der Redner bei offiziellen Anlässen in schriftlicher oder mündlicher Form vorgestellt, falls er nicht bereits bekannt ist.

Sollten Sie sich selbst vorstellen, so sagen Sie zuerst etwas über Ihre Person und über Ihr Arbeitsgebiet – doch fassen Sie sich kurz und hüten Sie sich vor allzu positiver Selbstdarstellung. Bei Fachvorträgen sollten Sie erklären, aus welchen Gründen Sie qualifiziert sind, über dieses Thema zu sprechen. Ihre Vorstellung sollte nicht zu ernst sein, Sie möchten doch eine positive Atmosphäre für Ihren nachfolgenden Vortrag schaffen.

Auf den Punkt gebracht

Mit der Einleitung beginnt Ihr Vortrag. Deshalb ist es wichtig, sie ansprechend zu gestalten. Ein packender Einstieg hilft Ihnen dabei, die Aufmerksamkeit Ihres Publikums zu gewinnen. Begrüßen Sie die Anwesenden und stellen Sie ihnen Ihr Thema sowie den Ablauf Ihrer Rede vor. So wissen Ihre Zuhörer, was auf sie zukommt, und können Ihren Ausführungen besser folgen.

Der Hauptteil

Darstellung der Fakten/der derzeitigen Situation

Nennen und erklären Sie die Fakten, die für das Verstehen Ihrer Rede wichtig sind. Erläutern Sie Fachbegriffe und Fremdwörter. Weisen Sie auf notwendige Zahlen hin, doch übertreiben Sie nicht. Zu viele Details verwirren Ihre Zuhörer. Hilfreich ist es, wenn Sie zum besseren Verständnis eine Grafik oder eine Tabelle zeigen. Weisen Sie gegebenenfalls auf Umfragen oder statistische Erhebungen hin.

Die Glaubwürdigkeit Ihrer Botschaft wird gestärkt, wenn Sie die Aussagen anerkannter Experten zitieren, um Ihren Standpunkt zu untermauern. Betreiben Sie Ursachenforschung und nennen Sie glaubhafte Beispiele. So binden Sie den Zuhörer stärker in das Thema ein.

Wenn Sie Gründe für eine Entwicklung anführen und diese analysieren, sollte es sich um eine hieb- und stichfeste Argumentation handeln. Berücksichtigen Sie die Motivationslage der Zuhörer und überlegen Sie im Vorfeld, ob es zu Einwänden oder Angriffen kommen könnte.

Folgerungen

Niemand kann die Zukunft vorhersehen. Doch da Sie die Fakten und den Istzustand seriös behandelt haben, können Sie sich jetzt an eine Prognose wagen. Wenn Sie das Szenario emotionslos beschreiben, werden Sie nur wenige Zuhörer zum Handeln veranlassen. Übertreiben Sie, so wirken Sie kaum glaubwürdig.

Eine stichhaltige, logische Folgerung, die Sie mit Begeisterung vertreten, ist der richtige Weg. Entscheidend ist, den Zuhörer z. B. davon zu überzeugen, dass sich etwas ändern muss. Nun erwartet das Publikum von Ihnen Vorschläge zur Lösung des Problems.

Das Kernstück der Rede

„Hauptsache, der Redner kommt zur Hauptsache!"

Bitte beherzigen Sie diesen Spruch. Das Publikum erwartet von Ihnen, dass Sie zum Kernstück Ihrer Rede kommen. Aufgrund Ihrer packenden Einleitung sind die Zuhörer sehr gespannt, also dürfen Sie sie nicht enttäuschen!

Das Herzstück Ihrer Rede sollte sinnvoll gegliedert sein. Hierfür bieten sich verschiedene Möglichkeiten an. Oberstes Gebot: Die Zuhörer sollten Ihren Gedankengänge folgen können. Die folgenden Strategien werden Sie dabei unterstützen.

Alternativtechnik

Wie der Name der Technik schon sagt, gehen Sie bei Ihrer Argumentation von zwei Lösungsalternativen aus und wägen diese gegeneinander ab.

Zunächst zeigen Sie auf, wie das aktuelle Problem nicht gelöst werden kann. Ist der Lösungsvorschlag von einer bestimmten Person oder Gruppe erarbeitet worden, so erkennen Sie deren Leistung unbedingt an. So nehmen Sie einer eventuellen Diskussion nach Ihrer Rede den Wind aus den Segeln. Nennen Sie Zahlen, Daten und Fakten. Auf diese Weise unterstreichen Sie, aus welchen Gründen Alternative I nicht zu realisieren ist. Die Zuhörer erkennen die umfassende Betrachtung, mit der Sie an das Thema herangehen. Hierdurch werten Sie Ihren Lösungsansatz auf.

Jetzt kommen Sie zum Kern Ihrer Rede, der Alternative II. Sie informieren, überzeugen, würdigen, verweisen auf Meinungen, geben Beispiele und ziehen Vergleiche. Nennen Sie Zahlen, Daten und Fakten, die beweisen, weshalb eben dieser Lösungsvorschlag zur Durchführung kommen sollte. Dafür erstellen Sie eine Argumentationstabelle.

Notieren Sie auf der linken Seite Ihre logischen Argumente, auf der rechten die emotionalen Punkte, die bei Überzeugungsprozessen die wichtigere Rolle spielen.

Verstand/Kopf (logisch, bewusst, rational)	Interessen/Herz (emotional, unterbewusst)
▸ Zahlen	▸ Ansehen
▸ Daten	▸ Prestige
▸ Fakten	▸ Image
▸ Prozente	▸ Sicherheit
▸ Anteile	▸ Schönheit
▸ Gesetze	▸ Bequemlichkeit
▸ Tatsachen	▸ Gefühl
▸ Bestimmungen	▸ Sinne
▸ Wahrheiten	▸ Instinkte
▸ Ziele	▸ Erfolg
▸ Lösungen	▸ Anerkennung
	▸ Ehre
	▸ Lob

Argumentationstabelle mit Beispielen

> Verwenden Sie nicht nur logische Argumente – spre-
> chen Sie auch das Herz an. Denken Sie daran: Die
> endgültige Entscheidung kommt aus dem Bauch –
> nicht aus dem Kopf!

Wenn Sie die Ihnen wichtigen Punke zu Papier gebracht
haben, fassen Sie diese in Worte.

Weitere Möglichkeiten der Argumentation

In Abhängigkeit von Ihrem Thema können Sie Ihre Argumentation auch anders aufbauen.

So können Sie Ihre Kernaussage aufbauen:

▸ *Situationsanalyse – Ziele – Planung – Durchführung –
  Kontrolle*
▸ *Probleme – Ursachen – Lösung*
▸ *These – Antithese – Synthese*
▸ *Vergangenheit – Heute – Zukunft*
▸ *Deutschland – Europa – Welt*

Wenn es Ihnen bei der Ausformulierung an Übung fehlt,
dann probieren Sie Folgendes aus: Stellen Sie sich vor, Sie
halten eine Rede vor guten Freunden. Sprechen Sie laut
und erklären Sie Ihre Stichwörter. Denken Sie nicht zu viel,
reden Sie nur laut – aus dem Bauch heraus. Die Gedanken
schreiben Sie dann auf. Haben Sie ein Diktiergerät, so ist
dies eine gute Hilfe, denn Sie sparen Zeit.

Ihren Standpunkt vertreten Sie am besten in drei Schritten:

▸ Begründung des Standpunkts

▸ Aufführung von Beispielen

▸ Schlussfolgerung

Bei der Problemlösung verfahren Sie wie folgt:

▸ Schildern Sie das/die Ziel(e).

▸ Stellen Sie Lösungsalternativen vor.

▸ Lösen Sie das Problem.

Auf den Punkt gebracht

Welche Gliederung Sie für das Kernstück wählen, ist weitgehend von Ihren Zielen und den Interessen Ihrer Zuhörer abhängig. Es ist wichtig, dass Sie sich Ihr Ziel deutlich bewusst machen und der Aufbau logisch ist. Sonst laufen Sie Gefahr, dass Analysen und Schlussfolgerungen nicht nachvollziehbar sind.

Der Schluss des Hauptteils

Der Zielsatz ist das wesentliche Merkmal einer Rede. Alles andere hat sich an diesem Ziel zu orientieren. Der Zielsatz muss überzeugend sein und darf nicht konstruiert wirken. Bereiten Sie ihn besonders gründlich vor. Legen Sie Ihre Schlussformulierung im vollständigen Wortlaut fest und lernen Sie sie auswendig. So können Sie frei sprechen und Blickkontakt zu Ihrem Publikum halten. Dabei nehmen Sie Bezug auf das Kernstück Ihrer Rede, doch wiederholen Sie nicht zu viel – weniger ist in diesem Falle mehr.

Effektvolle Abschlüsse:

▸ *Fassen Sie die wichtigsten Punkte zusammen.*

▸ *Geben Sie Denkanstöße.*

▸ *Formulieren Sie positive und wichtige Aussagen.*

▸ *Sprechen Sie Empfehlungen aus.*

▸ *Nennen Sie ein Motto.*

▸ *Prägen Sie einen Zielsatz.*

▸ *Ziehen Sie ein Fazit.*

▸ *Zeigen Sie Konsequenzen auf.*

▸ *Stellen Sie das Ergebnis fest.*

▸ *Geben Sie einen positiven Ausblick.*

▸ *Fordern Sie zum Handeln auf.*

Der interessante, packende Schluss

Wenn der Schluss des Hauptteils gut beim Publikum angekommen ist, können Sie Ihre Ausführungen im Grunde beenden. Wenn Sie jedoch, nachdem die Hauptspannung von Ihnen abgefallen ist, noch einige verbindliche Sätze an Ihre Zuhörer richten, so wird dies eine positive Wirkung erzielen.

Wie Sie einen bleibenden Eindruck hinterlassen

„Der erste Eindruck ist entscheidend, der letzte bleibt."

Dieses Sprichwort ist Ihnen bereits vertraut. Doch wie hinterlassen Sie einen bleibenden Eindruck? Wählen Sie in jedem Fall ein Finale, das Ihrer Persönlichkeit und Ihrem Temperament entspricht.

Möglichkeiten für einen gelungenen Abschluss

▸ *Finden Sie humorvolle Worte.*

▸ *Bringen Sie ein originelles Zitat.*

▸ *Ermuntern Sie Ihre Zuhörer, noch Fragen zu stellen.*

▸ *Spenden Sie Lob und Anerkennung.*

▸ *Eröffnen Sie die Diskussion*

▸ *Enden Sie mit einer Demonstration.*

▸ *Kündigen Sie einen weiteren Höhepunkt an.*

▸ *Sprechen Sie einen Appell oder gute Wünsche aus.*

▸ *Bringen Sie einen Toast aus, erheben Sie das Glas.*

Wenn Sie alles richtig gemacht haben, wird es Ihnen nicht so ergehen, wie Robert Lemke es als Normalfall annahm: „Ob sich Redner darüber klar sind, dass 90 % des Beifalls, den sie beim Zusammenfalten des Manuskripts entgegennehmen konnten, ein Ausdruck der Erleichterung ist?"

Nun haben Sie alle Hürden gemeistert und das Publikum hat Ihnen begeistert gelauscht. Jetzt sollten Sie nicht den guten Eindruck, den Sie hinterlassen haben, durch unbedachte Worte im Handumdrehen zunichte machen.

Was Sie vermeiden sollten

Ebenso wie am Anfang der Rede sollten Sie auch an deren Ende nichtssagende Floskeln und negative Formulierungen unbedingt vermeiden. Sagen Sie also nicht:

▶ Das war's.

▶ Vielen Dank für Ihre Aufmerksamkeit.

▶ Mehr wollte ich eigentlich nicht sagen.

▶ Die Zeit ist um.

▶ Bitte entschuldigen Sie, dass ich …

▶ Ich bin am Ende.

Auch sollten Sie nicht mehrmals formulieren: „Was ich abschließend noch sagen möchte" und dabei einfach kein Ende finden.

Visualisierung

> *„Ein Bild sagt mehr als tausend Worte."*
> *(Sprichwort)*

Für eine angemessene optische Unterstützung Ihrer Rede spricht eine Reihe von Argumenten. Einerseits werden Interesse und Aufmerksamkeit gesteigert. Ihre Ausführungen sind verständlicher und die Behaltensquote bei Ihren Zuhörern steigt deutlich an. Alle Extreme sind jedoch schlecht. Das heißt, wenn Sie zu viele Bilder und Grafiken zeigen, kommt es zu einer Reizüberflutung, das Interesse an Ihren Ausführungen lässt nach.

Powerpoint-Verbot

Ein großes Unternehmen in Süddeutschland hat seinen Mitarbeitern untersagt, Powerpoint-Präsentationen ohne Genehmigung der Geschäftsleitung durchzuführen. Denn es war zur Gewohnheit geworden, zu viele Charts zu ver-

wenden. Hierdurch kam es zu einem Trickfilmeffekt. Die verbalen Aussagen erreichten die Zuhörer kaum noch. Nachdem Bilder und Grafiken auf einen vernünftigen Umfang reduziert wurden, steigerte sich die Qualität der Reden erheblich. Die Redner mussten sich intensiver vorbereiten und sich besser auf Ihr Publikum einstellen.

Setzen Sie visuelle Hilfsmittel nur gezielt ein, um schwer zu erklärende Zahlen und Grafiken besser zu vermitteln.

Projektor

Overheadprojektoren eignen sich eher für ein größeres Publikum. Die Kombination aus Laptop und Beamer, die heute in den meisten Fällen zum Einsatz kommt, können Sie bei beliebig vielen Zuhörern einsetzen. Für die Gestaltung der Folien/Charts gelten folgende Faustregeln:

▸ eine Idee pro Folie/Chart

▸ sieben Worte pro Zeile

▸ sieben Zeilen pro Seite

▸ Schlüsselworte statt Sätze

▸ sparsamer Einsatz von Farben

▸ Zurückhaltung bei Effekten

▸ Beachten des Firmenlayouts

Überprüfen Sie vor Ihrem Auftritt die Abbildungsschärfe und die Lichtqualität. Sprechen Sie nie zur Leinwand, sondern immer zu Ihren Zuhörern. Schalten Sie während Ihrer Rede den Projektor ab oder benutzen Sie Leercharts. Stellen Sie Ihren Laptop seitlich vom Projektionsstrahl auf oder lassen Sie ihn von einer anderen Person bedienen, damit das Publikum die Projektionen ungestört betrachten kann.

Flipchart

Die Tafel sollte möglichst auf einem fahrbaren Ständer montiert sein und eine Größe von 70 × 100 cm haben. Auf entsprechend großen Papierseiten, die vor- und zurückgeblättert werden können, schreiben Sie mit dicken Filzstiften. Die Farben schwarz, blau und rot sind am besten zu erkennen.

Ein Flipchart ist sinnvoll, wenn Sie während Ihrer Rede etwas stichwortartig festhalten möchten. Auf diese Weise können Sie Kernaussagen und spontane Beiträge leicht notieren. Bei einem Zuhörerkreis bis zu 25 Personen ist ein Flipchart sinnvoll. Sie haben die Möglichkeit, Darstellungen vorzubereiten und während der Rede zu ergänzen.

Schreiben Sie bitte groß und deutlich und sprechen Sie nur, wenn Sie Blickkontakt mit dem Publikum haben.

Die Kernbotschaft

> *„In Dir muss brennen,*
> *was Du in anderen entzünden willst."*

Diese Aussage von Augustinus ist etwa 1600 Jahre alt und sollte für Sie ein Wegweiser sein, wie Sie Ihre Botschaft glaubwürdig vermitteln können. Im Rahmen der Dramaturgie einer Rede spielt die Kernbotschaft eine übergeordnete Rolle. Wann geben Sie diese so wichtige Botschaft an Ihre Zuhörer weiter?

▸ Nennen Sie die Kernbotschaft zu Beginn, kann sie sich programmatisch und wie ein roter Faden durch die Rede ziehen.

▸ Wird Sie zu Beginn des Hauptteils genannt, gewinnt sie Bedeutung für die weiteren Ausführungen.

▸ Am Schluss des Hauptteils wird der Inhalt resümiert und ermöglicht Ihnen noch Akzentverschiebungen.

▸ Wenn Sie die Kernbotschaft in der Einleitung vorbereiten und im Hauptteil detailliert behandeln, so kann die Rede mit einem Höhepunkt, der Message, enden.

Die Aufgabe der Kernbotschaft

Die folgenden (Werbe-)Botschaften sind Ihnen bestimmt bekannt:

▸ Otto – find ich gut.

▸ Nichts ist unmöglich.

▸ Nicht immer. Aber immer öfter.

▸ Er läuft und läuft und läuft …

▸ Man gönnt sich ja sonst nichts.

Die Botschaft soll den Funken überspringen lassen, andere Perspektiven eröffnen, neue Impulse geben und interessante Standpunkte vermitteln. Wenn Sie mehrere Kernaussagen haben, so können Sie diese miteinander verknüpfen. Sie sollten Ihre Rede jedoch nicht überfrachten. Weniger ist meist mehr!

Sie werden sich jetzt vielleicht fragen: „Wie kann meine Hauptbotschaft lauten?" Um ein Ziel klar und deutlich zu formulieren, bedarf es einigen Aufwands. Fällt Ihnen zu Ihrem Thema nicht das treffende Leitmotiv ein, so versuchen Sie es doch einfach mal im Internet unter dem Begriff „Kernbotschaft"! Hier finden Sie eventuell hilfreiche Tipps auf der Suche nach der Kernbotschaft Ihres Themas.

Wie Sie Ihre Kernbotschaft effektvoll vermitteln

Wie können Sie der Ihnen so wichtigen Aussage Nachdruck verleihen? Körperhaltung, Gestik und Blickkontakt sollten der Bedeutung Ihrer Botschaft angemessen sein. Sprech- und Pausentechnik sind hierbei ebenfalls von großer Wichtigkeit.

So können Sie Ihre Aussage untersteichen:

Um etwas hervorzuheben, können Sie leiser, getragener oder langsamer sprechen. Dies steigert die Aufmerksamkeit Ihres Publikums. Wenn Sie vor Ihrer Aussage eine Sprechpause machen, deuten Sie an, dass Sie jetzt etwas Besonderes mitteilen möchten.

Nach Ihrer Kernaussage legen Sie möglichst eine Pause von
ca. zwei Sekunden ein. Ihre Botschaft wird den Zuhörern
dadurch bewusster. Lesen Sie die entscheidenden Sätze
nicht ab, sondern prägen Sie sich diese ein. Die Wirkung
Ihrer Kernbotschaft wird verstärkt, wenn Sie sie mit dem
Wissen oder den Erfahrungen Ihrer Zuhörer verknüpfen.

Wiederholen der Botschaft

In der Meinungsrede können Sie Ihren Zielsatz und Ihre
Grundgedanken mehrfach wiederholen, gleich oder in
veränderter Form. Im Bereich der Werbung und in der
Politik finden Sie diese Wiederholungen sehr häufig, um
eine entsprechende Wirkung zu erzielen. Eine der bekann-
testen Wiederholungen ist der Satz von Cato, mit denen er
seine Reden stets beendet haben soll: „Im Übrigen bin ich
der Meinung, dass Karthago zerstört werden muss." (Und
so geschah es 146 v. Chr.)

Sicher werden Sie nicht gleich etwas zerstören wollen,
dennoch möchten auch Sie mit Ihren Kernaussagen eine
entsprechende Wirkung erzielen.

Auf den Punkt gebracht

Die Kernbotschaft ist das Herzstück, das eigentliche Ziel
Ihres Vortrags. Überlegen Sie deshalb genau, wann im
Verlauf Ihrer Rede Sie den Ihnen so wichtigen Gedanken
anbringen möchten, und vermitteln Sie ihn effektvoll.

Manuskript und Stichwortzettel

„Dichter werden geboren, Redner werden gemacht",

lehrte Cicero. Doch wodurch wird ein Redner gemacht? Bis Sie in der Lage sind, einen brillanten Vortrag zu halten, durchlaufen Sie in der Regel folgende Phasen:

▸ Auswendig gelernte Rede

▸ Rede mit Manuskript

▸ Rede mit Stichwortmanuskript

▸ Rede allein mit Stichwortzettel

▸ Stegreifrede

Auswendig gelernte Reden

Auswendig lernen oder ablesen? Aus meiner Sicht sind beides schlechte Techniken. Monotonie ist der Feind jeder Rede!

Wollen Sie druckreif auswendig vortragen, müssen Sie die komplette Rede aufschreiben und dann einpauken. Dazu benötigen Sie Konzentration, Ausdauer und viel Zeit. Wenn Sie dann die Rede vortragen, besteht die Gefahr, dass Sie steril, steif und monoton wirken. Das wird auch geschehen, wenn Sie sich an Ihr Konzept klammern und Wort für Wort ablesen, ohne Blickkontakt mit Ihrem Publikum zu halten.

„Natürlichkeit ist die schwierigste Pose, die man einnehmen kann", stellte schon Oskar Wilde fest. Denn Natürlichkeit – nicht Perfektionismus – weckt Sympathien und lässt Sie menschlich erscheinen. Verlieren Sie kurzfristig den Faden, so ist das kein Grund für Nervosität und Panik. Ihr Publikum wird es Ihnen kaum übel nehmen, wenn Sie selbst diesem kleinen Zwischenfall nicht zu große Bedeutung beimessen.

Im Allgemeinen rate ich Ihnen von auswendig gelernten Reden ab. Dies gilt jedoch nur bedingt: Anfang und Ende einer Rede haften am stärksten im Gedächtnis Ihrer Zuhörer. Sie wissen ja: Der erste Eindruck ist entscheidend – und der letzte bleibt.

Halten Sie deshalb während Ihres starken Einstiegs bewusst Blickkontakt mit Ihrem Publikum. Während des packenden Endes Ihrer Ausführungen tun Sie dies ebenso.

> Lernen Sie Anfang und Schluss möglichst auswendig und tragen Sie beides locker und natürlich vor. Üben Sie dies bitte – es gibt Ihnen die notwendige Sicherheit!

Die Rede mit Manuskript

Manuskripte werden im Computerzeitalter meist nicht mehr von Hand geschrieben, auch wenn der Begriff dies suggeriert. Die übersichtliche Gestaltung sollte jedoch nach wie vor Priorität haben.

Viele professionelle Redner arbeiten mit einem Vollmanuskript. Sie lesen ab, ohne dass es auffällt. Doch nur wenige beherrschen diese Kunst perfekt. Bei offiziellen Anlässen und wenn es auf exakte Formulierungen ankommt, mag das von Fall zu Fall sinnvoll sein.

Mehrere Reden an einem Tag:

An manchen Tagen sehen Sie im Fernsehen, dass Vertreter des öffentlichen Lebens bei zwei oder drei Veranstaltungen auftreten. Diese Reden werden häufig von Ghostwritern geschrieben, da der zeitliche Aufwand für den Betreffenden zu groß wäre. Aus diesem Grund muss er sich dann auch eng an ein Konzept halten, da er sich selbst kaum vorbereiten konnte.

Absolute Profis sind auch die Nachrichtensprecher: Sie wirken sicher, haben eine natürliche Ausstrahlung und halten trotz detaillierten Manuskripts zwischendurch Blickkontakt mit ihrem Publikum.

Ausformuliertes Manuskript verlangt:

Ein ausformuliertes Manuskript wird auch dann verlangt, wenn es vorher bei dem Veranstalter eingereicht werden muss oder wenn Ihr Beitrag von einem Kollegen vorgetragen werden soll.

Weniger geübte Redner glauben, dass ihnen ein Manuskript mehr Sicherheit gibt. Dieses Gefühl ist jedoch meist trügerisch.

Wenn Sie ein Vollmanuskript verwenden, können Sie kaum vom Text abweichen, ohne den logischen Aufbau zu zerstören. Sie lesen ab und wirken dadurch weniger lebendig und spontan. Kommt dann noch Lampenfieber hinzu, klammern Sie sich häufig krampfhaft am geschriebenen

Wort fest und sprechen aus Nervosität viel zu schnell. Um dies zu vermeiden, versuchen Sie Folgendes:

▶ Machen Sie es wie die Nachrichtensprecher im Fernsehen: Lesen Sie die Sätze nur an und schauen dann zum Publikum.

▶ Wenn Sie das Thema wechseln, so lassen Sie das Gesagte wirken, indem Sie eine längere Pause einlegen (siehe „Pausentechnik" auf Seite 97).

▶ Lesen Sie Ihr Manuskript zur Übung so oft wie möglich vor. Je häufiger Sie dies tun, umso vertrauter werden Ihnen die Inhalte. Hierdurch wirkt Ihr Vortrag später freier und souveräner.

Manuskriptaufbau

Der Aufbau Ihrer Rede sollte sich im Manuskript und seiner Gestaltung klar widerspiegeln. Die Absätze dürfen nicht zu lang sein, damit das Auge leichter Orientierungspunkte findet.

Textabsätze sind ein gutes Mittel für den Redner, seine Gedanken klar und übersichtlich zu gliedern.

Denken Sie daran: Eine Rede ist keine „Schreibe"! Zwischen gesprochener und geschriebener Sprache gibt es erhebliche Unterschiede. Deshalb beachten Sie bei der Formulierung des Textes, dass er – geschrieben – auch vorlesbar ist. Formulieren Sie unbedingt in kurzen Sätzen.

Die Gefahr, dass Sie sich verhaspeln, ist sonst zu groß. Im Sinne einer besseren Übersichtlichkeit empfehle ich Ihnen:

▸ Benutzen Sie blendfreies, 100 g starkes Papier im Format DIN A4.

▸ Auf der rechten Seite lassen Sie einen 3,5 bis 5,0 cm breiten Rand. Notieren Sie dort technische Details und Regieanweisungen.

▸ Ersparen Sie sich die Kämpfe mit Klammern und Schnellheftern. Verwenden Sie bei Ihrer Rede lose Blätter, die Sie nur einseitig beschreiben. Legen Sie diese einfach zur Seite, wenn Sie den Inhalt vermittelt haben.

▸ Überfrachten Sie Ihr Manuskript nicht mit einem Zuviel an Text, Zeichen und Regieanweisungen. In schwierigen Situationen verwirrt Sie das nur.

▸ Halten Sie stets für Notfälle ein Reservemanuskript bereit: Sicher ist sicher!

Das Leben ist zu kurz, als dass man schlechten Wein trinken könnte.	Bild von J. W. v. Goethe
Mit diesen Worten von J. W. v. Goethe, einem Sohn dieser Stadt, eröffne ich den Informationsabend zum Thema „Bordeaux-Weine".	
Liebe Gäste, liebe Freunde, ich begrüße Sie ganz herzlich im Namen der Weinbörse und deren Mitarbeiter.	
Wie den meisten bekannt ist, haben wir zwei Stunden für diese Veranstaltung geplant.	Logo der Weinbörse
Das Ziel ist es, Sie umfassend zu dem Thema „Bordeaux-Weine" zu informieren.	

Mein Vortrag dauert etwa 20 Minuten, danach können wir noch 10 Minuten diskutieren, bevor Herr Wagner über das Thema „Optimale Weinlagerung" referiert.	Bild vom Weinkeller
Wir danken Herrn Dr. Müller, dem Leiter der Weinakademie, dass wir Ihre Räume nutzen dürfen.	
Ich bin Ralf Tiemann und seit vier Jahren Marketingleiter der Weinbörse.	▶ 3,5–5,0 cm ◀
Sehr geehrte Damen und Herren, im Anbaugebiet Bordeaux werden seit über 2000 Jahren …	Bild vom Bordeaux-Gebiet
(nun folgt der Hauptteil)	

Beispiel für die Gestaltung eines Mauskripts mit Regieanweisungen

Das Stichwortmanuskript

Ein Stichwortmanuskript ist bestimmt eine gute Lösung für diejenigen, denen ein Vollmanuskript zu umfangreich ist, ein Stichwortzettel jedoch zu wenig Hilfe bietet. Besonders geeignet ist diese Variante für Redner, die gerne systematisch strukturieren, also für Naturwissenschaftler, Ingenieure und Techniker.

Den komplett vorbereiteten Text reduzieren Sie auf Haupt- und Nebenstichwörter. Entscheiden Sie sich für diese Möglichkeit, sind schematisches Denken und fundiertes Fachwissen unerlässlich. Inwieweit Sie sich an den einzelnen Stichwörtern orientieren, liegt an Ihrem Ziel, Ihrer Erfahrung und an der Besonderheit der Redesituation. In jedem Fall können Sie den roten Faden verfolgen.

Hauptteil	Hauptstichworte	Nebenstichworte
1. Einleitung	1.1 …	1.1.1 …
	1.2 …	1.1.2 …
2. Hauptteil	2.1 …	2.1.1 …
		2.1.2 …
	2.2 …	2.2.1 …
		2.2.2 …
		2.2.3 …
	2.3 …	2.3.1 …
		2.3.2 …
3. Schluss	3.1 …	3.1.1 …
	3.2 …	3.1.2 …

Stichwortmanuskript – Referate-Gliederung nach RÜDENAUER

Diese Referate-Gliederung lässt sich je nach Thema, Anlass und Zuhörerschaft gut differenzieren.

Der Stichwortzettel

Der Stichwortzettel ist eine elegante Lösung, die Ihnen ein Höchstmaß an Flexibilität bietet. Sie schreiben die Ihnen wichtigen Stichwörter und Regieanweisungen auf handliche DIN-A6- (oder DIN-A5-)Karten. Die notierten Punkte bilden die Eckpfeiler Ihrer Rede. So können Sie Ihren Text variieren. Ihre Arme und Hände sind frei, um unterstreichende Gesten einzusetzen. Beginn und Ende Ihrer Rede formulieren Sie dennoch aus, um einen positiven Gesamteindruck zu gewährleisten. Für den Rest genügen Stichwörter.

> Schreiben Sie nicht zu viel auf, damit Sie die Übersicht behalten und der persönliche Kontakt zum Publikum nicht verloren geht..

Haben Sie ein knappes Wortgerüst entwickelt und die einzelnen Punkte verinnerlicht, können Sie mithilfe des Stichwortzettels frei sprechen – im wörtlichen Sinne. Frei, weil Sie auch ohne Pult vor Ihren Zuhörern stehen und Ihre Körpersprache voll einsetzen können. Dies bedeutet auch, dass sich Ihre Gedanken anhand der Stichwörter frei entwickeln können. Sie können situationsgerecht formulieren.

Um das zu erreichen, arbeiten Sie Ihr Manuskript schrittweise durch und geben jedem Sinnabschnitt ein Stichwort, das Sie deutlich auf der Karteikarte notieren.

Die Vorteile des Stichwortzettels

Ein Stichwortzettel bietet Ihnen zahlreiche Vorteile. Im Gegensatz zum Vollmanuskript können Sie auf aktuelle Situationen besser reagieren und z. B. auf Zwischenrufe, Einwände und Fragen eingehen, ohne aus dem Konzept zu kommen. Gegenüber der Stegreifrede (siehe Seite 51) besteht nicht die Gefahr, dass Sie Gedanken und Zusammenhänge vergessen.

Da Sie „nur" Stichworte haben, können Sie länger Blickkontakt mit Ihren Zuhörern halten. Sie endgültige Formulierung erfolgt spontan, sodass Sie kompetenter und überzeugender auf Ihr Publikum wirken. Ihre Hände wissen, wo Sie hingehören. Durch die Regieanweisungen stellen Sie sicher, dass Sie all das tun, was Sie sich bei den Vorbereitungen vorgenommen haben. Das alles zeigt Ihren Zuhörern, dass Sie gut vorbereitet sind.

Worauf Sie bei der Erstellung achten sollten

Für die Erstellung sollten Sie Karten im DIN-A6-Format wählen. Diese lassen sich gut in Hemden- oder Jacketttaschen unterbringen. Wenn Ihnen das zu klein erscheint, so können Sie auch DIN-A5-Karten verwenden. Karton ist geeigneter als Papier. Auf diese Weise haben Sie etwas in der Hand, das Ihnen Halt gibt. Auch ein durch Lampenfieber verursachtes Zittern Ihrer Hände ist so weniger sichtbar.

Nummerieren Sie Ihre Karten und vermerken Sie oben rechts die Zeit: „4/10" bedeutet, dies ist der vierte Zettel und sollte bis zur zehnten Minute des Vortrags abgeschlossen sein.

Ihre Stichwortzettel müssen übersichtlich sein. Sie sollte daher nicht mehr als zwei bis drei Hauptstichwörter enthalten. Den ersten und letzten Satz Ihres Vortrags können Sie vollständig notieren. Arbeiten Sie mit Symbolen, die Sie während der Rede leichter deuten können als Worte. Achten Sie darauf, groß und deutlich zu schreiben, und verwenden Sie nur die Kartenvorderseite. Teilen Sie den Zettel im Verhältnis 2/3 zu 1/3 mit einem senkrechten Strich. Auf die linke Seite schreiben Sie die Stichwörter, auf der rechten Seite stehen Regieanweisungen und Symbole.

Beispiel für den Aufbau von Stichwortzetteln
Bedeutung der Regieanweisungen: (1) Achten Sie auf Ihre Körperhaltung.
(2) Schauen Sie nicht so ernst. (3) Achten Sie auf Sprechpausen.
(4) Halten Sie Blickkontakt zum Publikum. Bei „Bild 1" könnte ein stim-
mungsvolles Bild von Goethe gezeigt werden, „Chart 2" könnte den Zeit-
oder Ablaufplan darstellen.

Ein Stichwortzettel ist ähnlich einem Spickzettel bei einer Klassenarbeit. Wenn Sie ihn sorgfältig vorbereitet haben, benötigen Sie ihn kaum. Er gibt Ihnen jedoch ein angenehmes Gefühl der Sicherheit.

Die Stegreifrede

Was kennzeichnet eine Stegreifrede? Ein Hauptmerkmal ist, dass sie überraschend kommt. Der Redner hat also keine Gelegenheit, sich vorzubereiten.

Anlässe für Stegreifreden

Es kann vorkommen. dass man bei einem offiziellen Anlass gebeten wird, ein paar Worte zu sprechen. Nur selbstbewusste, geübte Redner melden sich aus eigenem Antrieb zu Wort, um sich zu einem Thema zu äußern. Ansonsten kommt es öfter vor, dass der Gastgeber oder Chef einen Gast oder Mitarbeiter nötigt, ein paar Sätze zu sagen.

Wenn Sie überraschend gebeten werden, ein paar Worte zu sagen, sollten Sie lieber ablehnen, wenn die Möglichkeit besteht. Denn es gibt nur wenige, die solche Situationen gelassen meistern. Auch wenn es sich um geübte Redner handelt – eine vorherige Absprache ist immer besser.

Die Zuhörer sind natürlich überaus beeindruckt von Rednern, die ohne Konzept frei sprechen können. Oft haben diese ein gedankliches Konzept im Kopf, da sie häufig Gelegenheit haben, vor Publikum zu sprechen.

> Damit Sie in dieser Lage nicht plötzlich ein schlimmes Lampenfieber befällt, ist vor allem eines unabdingbare Voraussetzung: Übung, Übung und nochmals Übung.

Gute Stegreifredner verfügen meist über eine rhetorische Ausbildung und ein angeborenes Talent. Zudem sind sie oft extrovertiert.

Wahlredner

Besonders im Wahlkampf kommt es vor, dass Politiker zu vielen Themen frei sprechen. In zahlreichen Reden sagen sie dann überwiegend das Gleiche. Doch wie viele gute Wahlredner gibt es? Aus meiner Sicht nur wenige. Das Gesagte wirkt abgedroschen, denn fast alle Standpunkte, die vertreten werden, sind hinreichend bekannt.

Bei der freien Rede besteht zudem die Gefahr, dass der rote Faden fehlt und wichtige Details vergessen werden. Umso mehr begeistert es uns, wenn ein Redner eine überzeugende Stegreifrede mit neuen, interessanten Aspekten zu halten vermag. Damit Sie dies auch erreichen, hilft neben einer rhetorischen Begabung allein ein großes Maß an Redeerfahrung.

Auf den Punkt gebracht

In welcher Form Sie Ihre Rede niederschreiben, hängt maßgeblich davon ab, wie geübt Sie bereits sind.

Vom Auswendiglernen eines Vortrags ist generell abzuraten – zu groß ist die Gefahr, unnatürlich zu wirken. Auch ein Vollmanuskript sollten Sie nur dann verwenden, wenn Sie gewährleisten können, dennoch ausreichend Blickkontakt zu Ihrem Publikum zu haben.

Gute Lösungen sind das Stichwortmanuskript und der Stichwortzettel, die Ihnen die nötige Gedächtnisstütze, aber auch die nötige Freiheit geben.

Einer Stegreifrede sollten Sie sich jedoch nur dann halten, wenn Sie sich Ihrer Sache absolut sicher sind.

Vom Umgang mit Zuhörern

Stoffsammlung, Gliederung und Kernbotschaft allein machen Sie noch lange nicht zum brillanten Redner! Die wichtigste Voraussetzung, um Ihr Publikum zu fesseln und zu überzeugen: Sie finden die Erwartungshaltung Ihrer Zuhörer heraus und orientieren sich daran.

▸ Was erwarten sie von Ihnen?

▸ Wie sind Ihre Denkstrukturen?

▸ Welchen persönlichen Nutzen können sie aus Ihren Ausführungen herausfiltern?

Vom Zuhörer zum Teilnehmer

Natürlich ist es von Fall zu Fall schwierig, die Motive Ihres Publikums zu erkennen. Versuchen Sie, gedanklich die Rollen zu tauschen und sich in die Lage der Menschen zu versetzen, die Sie ansprechen möchten. Gelingt Ihnen dies, ist der Weg zu einem erfolgreichen Vortrag frei.

Die Abbildung auf der folgenden Seite zeigt Ihnen den Weg, den Sie beschreiten können. Jetzt haben Sie eine einigermaßen klare Vorstellung von der Erwartungshaltung Ihres Publikums. Nun gilt es, Ihr Wissen mit Ihrer Kernbotschaft in Einklang zu bringen. Nur auf diese Weise gelangen Sie zu einem „Wir-Gefühl" mit dem Personenkreis, dem Sie gegenüberstehen. Nicht das, was Sie mit Ihrer geschliffenen Darbietung vermitteln möchten interessiert Ihre Zuhörer, sondern einzig und allein der Vorteil für sie selbst, den sie darin erkennen können. Also denken Sie

stets an den „Sie-Standpunkt"! Machen Sie die Zuhörer zu
Teilnehmern. Das nachfolgende Schema verdeutlicht Ihnen,
wie Sie dieses Ziel erreichen können:

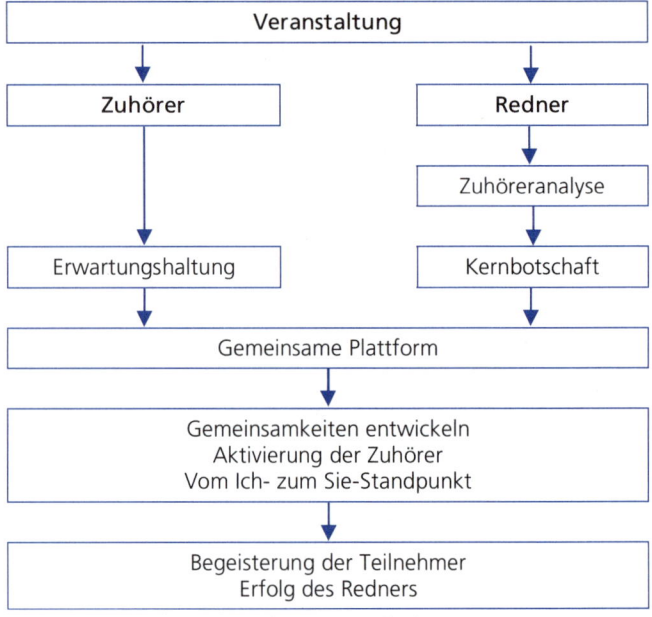

Vom Zuhörer zum Teilnehmer

Die Zuhöreranalyse

Um die Ziele, Inhalte und die Kernbotschaft Ihres Vortrags
eindeutig formulieren zu können, sollten Sie intensiv darüber nachdenken, an welchen Personenkreis sich Ihre Botschaft richtet. Absolute Priorität hat für Sie, Ihre Zuhörer
„dort abzuholen, wo sie stehen".

Welche Bedürfnisse und Wünsche haben sie? Wie ist ihre Werteskala, von welcher Warte aus betrachten sie Ihr Thema? Diese Zielanalyse verschafft Ihnen Klarheit darüber, was die Menschen, zu denen Sie sprechen möchten, von Ihnen erwarten. Um dies herauszufinden, sollten Sie sich im Vorfeld folgende Fragen stellen:

▸ Sind Ihre Zuhörer Experten oder Laien?

▸ Sind sie freiwillig gekommen – oder ist es für sie eine Pflichtveranstaltung?

▸ Welchen Nutzen bringt Ihr Vortrag Ihren Zuhörern?

▸ Welche Wünsche hat Ihr Publikum?

▸ Welche eventuellen Vorurteile müssen Sie ausräumen?

▸ Haben Sie mit Zwischenfragen, Einwänden oder persönlichen Angriffen zu rechnen?

▸ Welche Aspekte interessieren Ihr Publikum besonders?

▸ Wenn Sie unter den Zuhörern sitzen würden – wie wäre Ihre eigene Erwartungshaltung?

Erwartungshaltung

Aus welchen Gründen wir uns auf den Weg machen, um einem Redner unsere Aufmerksamkeit zu schenken, hängt von verschiedenen Faktoren ab. Ist es eine Verpflichtung, anwesend zu sein oder interessiert uns das Thema so sehr, dass wir womöglich kostbare Freizeit dafür opfern?

Selbstverständlich ist es ein Glücksfall für jeden Vortragenden, wenn er nur Zuhörer der zweiten Kategorie vor sich hat! Doch die größere Herausforderung ist es in jedem Fall, auch ein Publikum zu gewinnen, das zunächst einmal nicht aus purer Begeisterung gekommen ist.

Ihre Zuhörer erwarten von Ihnen, dass Sie seine Erwartungshaltung erfüllen. Ihre Aufgabe ist es nun, Ihr Publikum von Ihren Ideen und Vorstellungen zu überzeugen. Wie können Sie dieses Ziel erreichen?

Die Menschen, vor denen Sie sprechen, erwarten, dass Sie

▸ klar, deutlich und nicht zu leise sprechen,

▸ konzentriert und allgemein verständlich vortragen,

▸ trotz Ihres Dialekts (falls vorhanden) für alle zu verstehen sind,

▸ sich an die vorgegebene Redezeit halten,

▸ über größeres Fachwissen als sie selbst verfügen,

▸ dennoch nicht als Besserwisser auftreten,

▸ Ihr Publikum nicht unter- oder überfordern,

▸ Ihre Zuhörer aktivieren,

▸ auf Einwände und Kritik nicht emotional, sondern sachlich reagieren und

▸ dass in Ihren Ausführungen der rote Faden erkennbar ist.

Gemeinsamkeiten entwickeln

Die Aktivierung der Zuhörer

Sie haben es sicher auch schon häufig erlebt: Können Sie zur Lösung einer Aufgabe selbst etwas beitragen, sind Sie interessierter und motivierter, sich zu engagieren. Sind Sie nur passiver Zuhörer, schalten Sie eher ab. Hält der Redner einen langen Monolog, so ermüden Sie nach einiger Zeit, Ihr Interesse lässt nach.

Für den Vortragenden ist es daher besser, einen Dialog zwischen sich und seinem Publikum herzustellen. Damit dies gelingt, nachfolgend ein paar Tipps, die sich in der Praxis bewährt haben:

▸ Schauen Sie in die Runde und sammeln Sie die Blicke Ihrer Zuhörer.

▸ Bemühen Sie sich um eine positive Mimik, dann wird Ihrem Gehirn signalisiert, dass es Ihnen gut geht. So fühlen Sie sich gleich ein weniger sicherer.

▸ Wenn Sie Gesten einsetzen, achten Sie darauf, dass Sie weite Armbewegungen machen. Enge Gesten signalisieren Unsicherheit. Gelingt Ihnen dies nicht, so verzichten Sie lieber darauf und lassen die Arme locker hängen.

▸ Sprechen Sie Gefühle an, so erreichen Sie Ihre Zuhörer leichter.

▸ Zeigen Sie Engagement. Wenn Sie schon keine Begeisterung ausstrahlen, wie soll es dann Ihr Publikum tun?

▸ Achten Sie auf eine bildhafte, lebendige Sprache.

▸ Entrümpeln Sie Ihren Wortschatz und verzichten Sie auf Floskeln.

▸ Gehen Sie neue Wege, überraschen Sie Ihr Publikum mit ungewöhnlichen Ideen.

▸ Bringen Sie überzeugende Beispiele aus der Praxis.

▸ Stellen Sie rhetorische Fragen.

▸ Geben Sie Ihren Zuhörern die Gelegenheit, das Thema anschließend zu diskutieren.

▸ Überprüfen Sie im Vorfeld die räumlichen Gegebenheiten und die technische Ausrüstung. Wird zum Beispiel während Ihrer Ausführungen die Luft immer schlechter, ermüden Ihre Zuhörer schneller.

Vom Ich- zum Sie-Standpunkt

Bitte streichen Sie das Wörtchen „ich" weitestgehend aus Ihrem Wortschatz, wenn Sie einen überzeugenden Vortrag halten möchten. Denn Ihre Zuhörer sind an Ihrer Selbstdarstellung wenig interessiert.

Stellen Sie stets den anderen in den Mittelpunkt Ihrer Überlegungen. Verwenden Sie das Wort „ich" zu häufig, laufen Sie Gefahr, als selbstverliebt und eitel klassifiziert zu werden. Allenfalls können Sie davon sprechen, was „wir" gemeinsam erhoffen und erreichen wollen – besser ist es jedoch, so oft als irgend möglich den Sie-Standpunkt einzunehmen.

Der Sie-Standpunkt – die Welt aus der Sicht des anderen betrachten

Leider gehen wir zu oft von der Maxime „Jedes Ding hat zwei Seiten – die falsche und die unsrige" aus. Wenn es Ihnen jedoch gelingt, sich in die Situation Ihres Zuhörers zu versetzen, werden Sie zweifelsohne feststellen, dass auch sein Standpunkt seine Berechtigung hat.

Ihr Publikum wird dankbar registrieren, wenn Sie auch andere Sichtweisen akzeptieren. Überprüfen Sie Ihr Konzept dahin gehend, ob Sie die Interessen Ihrer Zuhörer bei Ihren Formulierungen in den Mittelpunkt stellen:

Statt: Ich-Standpunkt	Besser: Sie-Standpunkt
Ich zeige Ihnen …	Sie können sich Folgendes anschauen …
Ich möchte Ihnen ein wichtiges Detail näher bringen …	Dieses Detail ist für Sie interessant …
Ich sehe die Angelegenheit unter folgenden Aspekten …	Für Sie ergeben sich folgende Aspekte …
Ich gewähre Ihnen einen Rabatt von 3 %.	Sie erhalten einen Rabatt von 3 %.
Ich kann Ihnen beweisen, dass …	Sie können sich gerne davon überzeugen, dass …

Der Sie-Standpunkt empfiehlt sich besonders bei konträren Sichtweisen oder wenn die Stimmung gereizt ist. Sorgen Sie also durch verbindende Formulierungen für Entspannung. Suchen Sie eine gemeinsame Basis – es gibt sie (fast) immer!

Auf den Punkt gebracht

Beziehen Sie Ihre Zuhörer in Ihren Vortrag ein. Stellen Sie Fragen, sprechen Sie lebendig und allgemein verständlich und halten Sie Blickkontakt. Und vergessen Sie nicht, den Sie-Standpunkt einzunehmen.

Was tun bei Zwischenrufen?

Angenommen, es ruft Ihnen jemand aus dem Publikum zu: „Das ist doch reine Fantasie!" und Sie kontern spontan: „Albert Einstein sagte einmal, Fantasie ist wichtiger als Wissen, denn Wissen ist begrenzt." Dann verfügen Sie über eine beneidenswerte Schlagfertigkeit. Zwischenrufe werden Sie ganz gewiss nicht aus dem Konzept bringen. Doch solche Naturtalente sind eher selten. Bei den meisten von uns durchschnittlich Begabten steigt der Adrenalinspiegel bei Zwischenrufen sprunghaft an. Wie nun können wir es lernen, eine solch unangenehme Situation besser in den Griff zu bekommen?

Bei reinen Sachvorträgen kommen Zwischenrufe nicht allzu häufig vor. Bei Meinungsreden, insbesondere bei politisch gefärbten Vorträgen, sind sie fast an der Tagesordnung.

Auch wenn Sie es nur unterbewusst wahrnehmen: Die Signale, die Sie aus dem Publikum auffangen, beeinflussen Ihre Darbietung ganz erheblich. Wenn Sie den Eindruck haben, dass die Zuhörer Ihnen wohlgesinnt sind und Ihren Ausführungen aufmerksam folgen, werden Sie von Minute zu Minute sicherer. Zwischenapplaus beflügelt Sie geradezu. Wenn die Atmosphäre allerdings angespannt ist und Sie mit Einwänden und kritischen Bemerkungen zu rechnen haben, brauchen Sie schon rhetorisches Geschick und ein gewisses Maß an Schlagfertigkeit, um die Situation mit Bravour zu meistern.

Bitte sehen Sie Zwischenrufe nicht als Angriff auf Ihre Person an. Es wird Ihnen sonst schwerfallen, die Ruhe zu bewahren. Sehen Sie darin eher eine Chance, Ihr Publikum zu überzeugen. Solange Ihre Zuhörer versuchen, Sie zu unterbrechen, sind sie an Ihren Ausführungen noch interessiert und haben nicht einfach abgeschaltet.

Überlegen Sie sich im Vorfeld, ob und welche Zwischenrufe kommen könnten. Haben Sie nach bestem Wissen eine Zuhöreranalyse vorgenommen, können Sie sich schon im Vorhinein überlegen, wie Sie am geschicktesten auf Zwischenrufe reagieren.

> ### Eine kleine Anekdote am Rande ...
>
> *Von Winston Churchill wird behauptet, er habe sich anlässlich seiner Reden vorab Zwischenrufer organisiert, um dann – bestens vorbereitet – durch schlagfertige Antworten zu glänzen und sein überragendes Talent als Redner unter Beweis zu stellen.*

Zwischenrufer sind Meinungsmacher, Sie beeinflussen die Stimmung der übrigen Zuhörer erheblich. Parieren Sie Zwischenrufe elegant, werden die Sympathien des Publikums auf Ihrer Seite sein. Eine besondere Hürde stellt es für Sie dar, wenn der Zwischenrufer bei den übrigen Personen ein hohes Ansehen genießt. Haben Sie nun Ihre Emotionen nicht unter Kontrolle und es kommt zu einem Streitgespräch, wird sich das Publikum meist mit dem Störenfried solidarisieren.

> **!** Lassen Sie sich niemals auf eine hitzige Diskussion ein – selbst dann nicht, wenn Sie glauben, im Recht zu sein. Versuchen Sie lieber, den Zwischenruf in Ihre Argumentation einzubeziehen und ihm so die Spitze zu nehmen.

Oberster Grundsatz in allen heiklen Situationen: Versuchen Sie Ruhe zu bewahren und lassen Sie sich nicht provozieren! Legen Sie eine Pause ein, in der Sie – ohne dass die Zuhörer es merken – tief durchatmen. Erst dann antworten Sie. Ihre Stimmlage sollte ruhig und sachlich sein. Denken Sie daran: Eine hohe Stimme signalisiert weniger Fachkompetenz. Formulieren Sie deshalb in kurzen, präzisen Sätzen.

Zwischenrufe irritieren immer! Deshalb folgen nun einige Praxistipps, wie Sie eine solch kritische Lage souverän meistern können. In jedem Fall gilt es zu überlegen, um welche Art von Einwand es sich handelt.

Der sachlich begründete Zwischenruf

Wie reagieren Sie am besten auf einen sachlich begründeten Zwischenruf?

Sie können folgendermaßen antworten:

▸ *„Vielen Dank für Ihren Hinweis …"*

▸ *„Das prüfe ich gern …"*

▸ *„In diesem Punkt stimme ich Ihnen zu, jedoch …"*

▸ *„Ja, dazu bin ich gern bereit …"*

▸ *„Ein wirklich guter Vorschlag …"*

▸ *„Wie ich höre, sind Sie Spezialist auf diesem Gebiet …"*

▸ *„Haben Sie einen Augenblick Geduld, ich komme gleich auf Ihre Frage zurück …"*

▸ *„Lassen Sie uns dies bitte in der nachfolgenden Diskussion besprechen …"*

▸ *„Eine interessante Frage, auf die ich sofort eingehen möchte …" (Fassen Sie sich kurz!)*

Setzen Sie eine der genannten Methoden ein, so werten Sie hierdurch den Zwischenrufer auf und schaffen eine positive Stimmung im Publikum. Vielleicht kommen noch einige interessante Beiträge. Doch lassen Sie sich bitte nicht auf längere Diskussionen ein, denken Sie an Ihre Redezeit!

Zwischenrufe, die Sie fachlich überfordern

Es kann durchaus passieren, dass Sie mit Ihrem Fachwissen an Ihre Grenzen stoßen. Sie sollten beispielsweise mit Einwänden aus dem Publikum rechnen, wie:

▸ „Haben Sie auch folgenden Aspekt bedacht …"

▸ „Ist Ihnen die neueste Untersuchung zu diesem Sachverhalt bekannt?"

Nun bitte keine Panik! Niemand kann alles wissen! Selbst wenn Sie dem Fragenden eine positive Absicht unterstellen – Sie werden in aller Regel ziemlich aus dem Konzept gebracht. Was können Sie nun tun? Vielleicht hilft eine der nachfolgenden Möglichkeiten:

▸ „Eine wirklich interessante Frage, darf ich nach der Pause darauf eingehen?"
  Dies ist nur praktikabel, wenn Sie sich während der angekündigten Unterbrechung auch umfassend informieren können.

▸ „Darüber erfahren Sie beim nächsten Mal mehr."
  Diese Methode ist jedoch nur erfolgreich, wenn es ein weiteres Treffen gibt.

▸ „Hier näher auf diesen Punkt einzugehen, sprengt leider unseren zeitlichen Rahmen."

Danach fahren Sie umgehend fort, um keine weiteren Zwischenrufe zu provozieren.

▸ „Diese Frage gebe ich gerne an die Anwesenden weiter." Möchten Sie diese Methode nutzen, so ist eine vorherige exakte Zuhöreranalyse unabdingbar. Schließlich müssen Sie wissen, welche Reaktionen Sie aus der Runde zu erwarten haben!

▸ „Das kann ich im Moment leider nicht beantworten." Schlicht und einfach die Wahrheit zu sagen, entwaffnet Ihr Publikum, wirkt spontan und souverän. Diesen Ausweg sollten Sie jedoch nur einmal wählen und nur dann, wenn Sie Zwischenrufe bisher elegant pariert haben.

Die vorab genannten Möglichkeiten können nicht darüber hinwegtäuschen, dass Sie für einen fundierten Fachvortrag auch über das entsprechende Wissen verfügen müssen.

Eine Faustregel sollte für Sie sein: Ich muss über die doppelte Menge der Fachkenntnis verfügen, die ich meinen Zuhörern vermitteln möchte.

Der unfaire, unsachliche Zwischenruf

Unfaire Zwischenrufer haben die Absicht, Sie aus dem Konzept zu bringen und sich auf Ihre Kosten zu profilieren. Seien Sie auf diese unangenehmen Zeitgenossen gefasst und überlegen Sie sich rechtzeitig, wie Sie darauf reagieren können. Selbstbeherrschung ist in diesem Fall oberstes Gebot. Lassen Sie sich keinesfalls provozieren! Wenn Sie aggressiv werden und einen Streit vom Zaun brechen, wird sich das Publikum mit dem Störenfried verbünden und die positive Stimmung ist dahin.

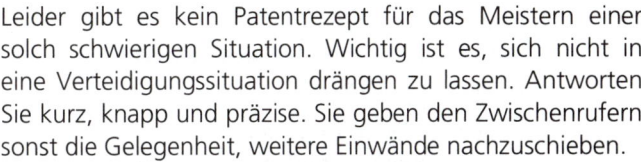

Denken Sie stets daran, auch wenn es schwer fällt: Ein Streitgespräch können Sie nicht gewinnen! Bleiben Sie deshalb unter allen Umständen auf der Sachebene – emotionale Reaktionen machen Sie angreifbar.

Leider gibt es kein Patentrezept für das Meistern einer solch schwierigen Situation. Wichtig ist es, sich nicht in eine Verteidigungssituation drängen zu lassen. Antworten Sie kurz, knapp und präzise. Sie geben den Zwischenrufern sonst die Gelegenheit, weitere Einwände nachzuschieben.

Die logisch einwandfreie Argumentation ist das beste Mittel, um unfaire Zwischenrufer auszuhebeln. Zunächst einmal: Sie sind nicht verpflichtet, auf jeden Zwischenruf zu reagieren. Ein oder zwei Bemerkungen aus dem Publikum können Sie schlicht und einfach überhören. Sie fahren einfach wie geplant mit Ihrer Rede fort. Häufen sich die Zwischenrufe, müssen Sie allerdings Stellung beziehen.

Nachfolgend einige Tipps, wie Sie eine solche Stresssituation leichter überstehen:

▸ „Hierüber können wir uns gerne nach dem Vortrag unterhalten."
  Ob Sie dies auch in die Tat umsetzen, werden die übrigen Zuhörer kaum überprüfen.

▸ „Vielen Dank für diese interessante Frage!"
  Danach fahren Sie nahtlos in Ihrer Rede fort.

▸ „Könnten Sie dies bitte noch einmal wiederholen, damit
es auch alle Anwesenden verstehen?"
Diese Frage bringt den Störenfried in aller Regel aus
dem Konzept. Gegebenenfalls können Sie sich auch den
Namen des Zwischenrufers nennen lassen.

▸ „Darf ich jetzt fortfahren?"
Dabei lassen Sie Ihren Blick mit freundlicher Mimik in die
Runde schweifen.

▸ „Was verstehen Sie unter …?"
Häufig werden Zwischenrufer aus dem Konzept gebracht, wenn sie etwas definieren sollen.

▸ „Wann hat Lenin das so formuliert?"
Unfair ist es ebenfalls, wenn jemand Sie durch ein Zitat,
das Ihnen unbekannt ist, aufs Glatteis führen möchte.
Fragen Sie nach!

▸ „Was wollen Sie mit Ihrer Frage erreichen?"
Ihr Kontrahent wird sich in aller Regel auf nähere Erläu-
terungen einlassen. Sie gewinnen hierdurch wertvolle
Zeit, um angemessen zu kontern.

Grundsätzlich gilt: „Wer fragt, der führt, der gewinnt."
Stellen Sie Fragen, so verschafft Ihnen dies stets eine
Atempause:

▸ „Diese Frage möchte ich gern an Herrn Dr. Wagner
weitergeben. Er ist Experte auf diesem Gebiet."
Für den Fall, dass Sie wissen, wer im Publikum Sie unterstützen würde, geben Sie den Ball so auf elegante Weise weiter.

▸ „Ich appelliere an Ihre Fairness …"

▸ „Was würden Sie an meiner Stelle tun?"
Während Sie den Zwischenrufer ansprechen, lächeln Sie entwaffnend freundlich und nehmen ihm so den Wind aus den Segeln. Auch wenn Sie den Mut haben, dazu zu stehen, dass Sie an dieser Stelle mit Ihrer Weisheit am Ende sind, wird sich das Publikum meist mit Ihnen solidarisieren.

Verweisen Sie auf höhere Werte oder auf den Ernst der Lage. Sie beantworten den Einwand nicht, doch Sie bringen zum Ausdruck, dass Themen wie Ehre, Treue, Vaterlandsliebe usw. unangreifbar und über jeden Zwischenruf erhaben sind.

▸ „Denken Sie an unser Vaterland!"

▸ „Mutterliebe ist wichtiger als Geld."

▸ „Dies ist die Frage einer höheren Gerechtigkeit."

▸ „Kinder sind das höchste Gut in einer Gesellschaft."

Nun sammeln Sie die Blicke Ihrer Zuhörer und fahren mit ruhiger Stimme mit Ihrem Vortrag fort.

Wenn Sie auf einen Zwischenruf eingehen, vermeiden Sie alle Formulierungen, die die Stimmung erhitzen könnten. „Minusformulierungen" sind hier eindeutig fehl am Platz.

Negative Formulierungen

▸ *„Ihr Einwand …"*

▸ *„Ihr Zwischenruf …"*

▸ *„Ihre negative Einstellung …"*

▸ *„Ihre Minuseinstellung …"*

Durch negative Entgegnungen gießen Sie unnötig Öl ins Feuer. „Einwände" gibt es grundsätzlich nicht, es gibt lediglich „Fragen". Formulieren Sie also positiv.

Positive Formulierungen

▸ *„Vielen Dank für Ihren Hinweis …"*

▸ *„Gut, dass Sie diesen Aspekt ansprechen …"*

▸ *„Dies ist sicher ein wichtiger Punkt …"*

▸ *„Ein guter Tipp von Ihnen …"*

Nach Ihrer Antwort wenden Sie den Blick von dem Störenfried ab und nehmen Augenkontakt zu den Zuhörern auf, die Ihnen eine positive Mimik zeigen. Geben Sie dem Zwischenrufer keine Möglichkeit zu einer weiteren negativen Äußerung! Beschränken Sie den Dialog mit dem Störenfried auf das absolute Mindestmaß. Es besteht immer die Chance, dass Sie bei Ihren Zuhörern nun einen „Mitleidsbonus" haben. Das Publikum ist unangenehm berührt über die Art, wie mit Ihnen umgegangen wird. Nutzen Sie diese Gelegenheit und tragen Sie dafür Sorge, dass es sich mit Ihnen gegen den Zwischenrufer solidarisiert.

Wenn es in Ihr Konzept passt, so notieren Sie sich den Einwand und versprechen Sie, später darauf einzugehen. Hierdurch werten Sie den Zwischenrufer auf. Tendenziell sollten Sie lustige Zwischenfragen ernst beantworten, um ein Überhitzen der Stimmung zu verhindern. Ernste Zwischenfragen beantworten Sie tendenziell lustig, damit sich die Stimmung nicht verschlechtert.

Mit folgender Formulierung können Sie fast alle Fragen neutralisieren: „Ich habe mit Ihrer Frage gerechnet, doch im Interesse aller möchte ich mit dem Vortrag fortfahren!"

> Denken Sie daran: Nicht die Zwischenrufe sind positiv oder negativ, sondern einzig und allein das, was Sie daraus machen!

Diese Maxime, die auf ein Zitat von Epiktet zurückgeht, sollten Sie sich zu eigen machen. Üben Sie bei jeder Gelegenheit anhand der aufgezeigten Methoden. Dann werden auch Sie eines Tages solche überraschenden Situationen mit Ruhe und Gelassenheit meistern.

Einige Beispiele aus der Praxis

Positive Einstellung

„Das kann man auch in zehn Tagen schaffen!", ruft ein Mitarbeiter dazwischen. Antwortet der Redner nun mit „Unmöglich, das geht nicht …", so trägt dies in keiner Weise zur Lösungsfindung bei. Entgegnet er jedoch: „Das wäre möglich, wenn dort drei Mitarbeiter mehr eingesetzt würden", so schafft dies eine positivere Atmosphäre. Und nur in einer solchen Stimmung entstehen kurzfristig gute Lösungen.

Eine positive Ausdrucksweise ist ausschlaggebend für den Vortragserfolg. Gehen Sie bewusst mit Ihrer Sprache um und machen Sie sich die Konsequenzen negativer Formulierungen bewusst.

Haben Sie während Ihrer Ausführungen Zwischenrufe zu beantworten, so vermeiden Sie die Worte „nein", „niemals", „unmöglich", „das geht nicht". Durch diese „Minusaussagen" bauen Sie unnötig Barrieren auf. Gegebenenfalls können Sie auch fragen: „Würden Sie an meiner Stelle zustimmen können?"

Hin und wieder kommen Sie jedoch um ein klares „Nein" nicht herum, da eine andere Antwort unehrlich wäre und Ihrer Glaubwürdigkeit schaden würde. Allerdings sollten Sie Ihre Ablehnung stets begründen können.

Aufrichtigkeit und Glaubwürdigkeit:

Stellt Ihnen jemand zum Beispiel die Frage: „Können wir dieses System auch in arabischen Ländern einsetzen?", so müsste Ihre Antwort unter Umständen lauten: „Nein, leider nicht, denn dort sind die Temperaturen zu hoch."

Auch durch die Formulierung „da haben Sie mich falsch verstanden …" gewinnen Sie wohl kaum Freunde. Wollen Sie Ihren Zuhörern unterstellen, sie seien nicht intelligent genug, um Ihren lichtvollen Ausführungen zu folgen? Nehmen Sie doch einfach die Schuld auf sich und sagen Sie: „Da habe ich mich wohl missverständlich ausgedrückt …"

Belehren Sie bitte nicht!

„Das ist doch logisch!", rufen Sie spontan aus. Wollen Sie wirklich vermitteln, dass Sie keine andere Meinung gelten lassen und andere Ansichten für unlogisch halten? Besser klingt es doch, wenn Sie beispielsweise klarmachen: „Ich habe hierzu folgenden Erkenntnisstand: …" Dies lässt immer noch die Möglichkeit offen, dass Ihnen die eine oder andere Information fehlt und ein Zuhörer es besser weiß.

Vergessen Sie unbedingt Sätze wie:

▸ „Das stimmt nicht."

▸ „Das entspricht nicht den Tatsachen."

▸ „Das gibt es einfach nicht."

So verärgern Sie Ihren Gesprächspartner und signalisieren womöglich, dass Sie an seinen Worten zweifeln. Wer lässt sich schon gerne der Lüge bezichtigen? Sagen Sie lieber:

▸ „Das ist für mich neu."

▸ „Das kann ich mir kaum vorstellen."

So lassen Sie noch immer die Möglichkeit offen, dass auch Sie sich irren.

Wenn Sie Ihre Entgegnung mit den Worten „kann sein, aber …" einleiten, so ahnt der Zuhörer schon im Vorhinein, dass Sie ihn korrigieren wollen. Dies können Sie vermeiden, indem Sie antworten:

▸ „Allerdings gebe ich zu bedenken, …"

▸ „Ich möchte jedoch darauf hinweisen, …"

▸ „Lassen Sie uns Punkt sieben noch einmal kurz aufgreifen. …"

„Ja, aber…" hat eine ähnliche Bedeutung wie „nein" und baut Barrieren auf. Verwenden Sie anstelle des „aber" lieber die Worte „allerdings", „obwohl", „jedoch", „nur", „und".

Wollen Sie nicht Gefahr laufen, als Prinzipienreiter abgeurteilt zu werden, so vermeiden Sie Sätze wie „Trotzdem halte ich es für richtig, dass …“. Besser und sehr viel versöhnlicher klingt es, wenn Sie nochmals darauf hinweisen:

▸ „Ich meine damit Folgendes: …“ oder

▸ „Folgender Aspekt liegt mir dennoch am Herzen: …“

Haben Sie auf den Zwischenruf „Das stimmt nicht!“ zu reagieren, so antworten Sie nicht mit erhobenem Zeigefinger: „Ich kann es Ihnen beweisen …“ Dies baut eine Hürde auf, die Sie leicht vermeiden können, indem Sie freundlich antworten: „Sie können sich gerne davon überzeugen …“

Denken Sie daran: Sie sind nicht in der Schule! Also fragen Sie bitte nicht: „Haben Sie das verstanden?“ Formulieren Sie verbindlicher:

▸ „Habe ich das richtig erklärt, …“ oder

▸ „Haben Sie bis hierhin noch Fragen?“

Es klingt leicht überheblich, wenn Sie Ihrem Publikum versprechen: „Ich garantiere Ihnen …“ Besser kommt es an, wenn Sie formulieren: „Sie können sicher sein, dass …“

Auch die Entgegnung „Da muss ich Sie korrigieren …“ erinnert Ihre Zuhörer eventuell an ihre Schulzeit. Sie erzielen größeren Erfolg, wenn Sie sagen: „Da habe ich noch eine Frage: …“

Nehmen Sie Ihre Zuhörer ernst

Ganz eindeutig werten Sie Ihre Zuhörer ab, wenn Sie lässig entgegnen: „Das ist doch egal.“ Fragen Sie besser: „Was würden Sie statt dessen vorschlagen?“

Die Floskeln „na gut“ und „ja gut“ geben Ihrem Publikum das Gefühl, dass Sie sich nicht ernsthaft auf den Zwischenruf einlassen wollen. Sie hinterlassen den Eindruck, dass Sie möglichst schnell das Thema wechseln wollen. Noch eindringlicher können Sie Ihr Desinteresse durch das Wörtchen „jaja" dokumentieren. Die Wirkung solcher Wortschöpfungen muss nicht näher erläutert werden.

Unterlassen Sie es auch, sich zu rechtfertigen. Die Aussage „Es ist doch nicht meine Schuld, dass …" schwächt Ihre Position. Vertagen Sie die Entscheidung und versprechen Sie: „Das prüfe ich gerne." Auf diese Weise erhalten Sie die positive Atmosphäre.

Reagieren Sie möglichst nicht emotional!

Sie haben Ihre Ansicht mit Nachdruck vertreten und sind emotional stark involviert. Nun kann es durchaus passieren, dass Sie eindringlich sagen: „Das müssen Sie doch einsehen." Müssen Ihre Zuhörer irgendetwas? Vermeiden Sie es lieber, die Stimmung gegen sich aufzubringen und appellieren Sie an Ihr Publikum: „Bitte, haben Sie Verständnis."

Die Wortwahl „Sie müssen schon entschuldigen, …" hat stets einen leicht aggressiven Unterton. Muss Ihr Publikum überhaupt etwas? Sie können allenfalls bitten: „Entschuldigen Sie, …"

Greift Sie jemand aus dem Publikum auf unfaire Weise an, so verschärft es die Situation unnötig, wenn Sie die Person auf ihre nicht vorhandene Kinderstube hinweisen. Senden Sie lieber eine Ich-Botschaft – reden Sie von Ihren Gefühlen:

▸ „Nun bin ich doch sehr betroffen."

▸ „Ihre Aussage überrascht mich sehr."

▸ „Ich bin doch etwas enttäuscht von Ihnen."

So entspannen Sie die Situation und ziehen die übrigen Zuhörer auf Ihre Seite.

> Denken Sie immer daran: Es ist nicht so entscheidend, was Sie sagen, sondern vielmehr, wie Sie es sagen. Und wie es beim Zuhörer ankommt.

Auf den Punkt gebracht

Versuchen Sie, Ihre Entgegnungen stets positiv zu formulieren. Werten Sie Ihre Zuhörer nicht durch unbedacht dahingesagte Floskeln ab und belehren Sie sie nicht.

Letztlich hört nur jeder das, was er versteht. Schopenhauer hat es treffend formuliert: „Man gebrauche gewöhnliche Worte und sage ungewöhnliche Dinge."

Redeangst und Lampenfieber

„Das Gehirn ist das wunderbarste Organ des Menschen.
Es funktioniert so lange, bis wir aufstehen,
um eine Rede zu halten."

Dieser Satz von Mark Twain trifft auf viele von uns zu, sobald wir vor einer erwartungsvollen Runde stehen. Mehr als die Hälfte aller Vortragenden – so haben Umfragen ergeben – werden von Lampenfieber befallen, wenn Sie vor Publikum sprechen sollen. Auch versierte Redner sind nicht frei davon – und das ist gut so!

Perfektionismus schadet eher, ein gewisses Maß an Lampenfieber gehört dazu, um engagiert und begeisternd zu wirken. Wir alle denken viel zu sehr darüber nach, was andere von uns halten, wir haben Angst, das Gesicht zu verlieren. Diese Sorge ist meist unbegründet, denn unsere Zuhörer sind uns doch in aller Regel positiv gesinnt.

Akzeptieren wir doch einfach, dass wir unserem Auftritt „entgegenfiebern"! Alle Künstler tun dies, auch große Schauspieler haben Lampenfieber, fürchten den Moment, in dem auf der Bühne die Scheinwerfer auf sie gerichtet werden.

Die Kunst ist, ein gewisses Maß an Aufregung als normal zu akzeptieren – und diese Anspannung auf eine erträgliche Dosis zu reduzieren.

Wie entsteht Lampenfieber?

Das freie Sprechen vor einer größeren Gruppe gehört für die meisten nicht zum Alltag. Im täglichen Leben kommunizieren wir überwiegend im Dialog – beruflich und privat. Dieses Verhalten haben wir von Kindheit an eingeübt.

Ganz allein vor einem Personenkreis zu stehen, ist für die meisten von uns eine außergewöhnliche Situation, der wir gern aus dem Weg gehen. Wir haben Angst, uns der Lächerlichkeit preiszugeben und von den anderen abgeurteilt zu werden. Wir empfinden die Situation, in der wir sind, als bedrohlich. Wir denken an Flucht, wie es für unsere Vorfahren in kritischen Lagen oft sinnvoll war.

Physiologisch geschieht etwas mit unserem Körper, zahlreiche Funktionen verändern sich:

▸ Es wir mehr Adrenalin ausgeschüttet,

▸ unser Blutdruck erhöht sich,

▸ wir haben eine höhere Herzfrequenz,

▸ die Körpertemperatur steigt an,

▸ unsere Muskeln verspannen sich …

Diese gravierenden Vorgänge vollziehen sich in Bruchteilen von Sekunden. So hatten unsere Vorfahren in der Steinzeit die Möglichkeit, blitzschnell zu reagieren und so vielleicht ihr Leben zu retten. In einer bedrohlichen Situation werden die Körperreaktionen beschleunigt, die Denkvorgänge jedoch deutlich reduziert. Als Redner benötigen wir unser Gehirn jedoch besonders dringend!

Nun stellt sich die Frage: Wie vermeiden wir den gefürchteten Blackout, bei dem uns auch bei noch so gründlicher Vorbereitung und fundiertem Fachwissen einfach nichts mehr einfällt?

Grundvoraussetzung ist: Stellen Sie keine zu hohen Anforderungen an sich selbst! Auch ein Redner darf Fehler machen.

Die Selbsteinschätzung ist in solchen Situationen immer schlechter als die Fremdeinschätzung. Einen Versprecher registriert das Publikum in vielen Fällen gar nicht. Nur Sie erschrecken zu Tode! Also geben Sie diesem kleinen Zwischenfall nicht zuviel Gewicht, machen Sie nicht selbst unnötig darauf aufmerksam. Wenn Sie Ihrem Publikum mit einem freundlichen Lächeln gegenüberstehen und eine positive Grundstimmung herrscht, verzeiht es Ihnen eine ganze Menge!

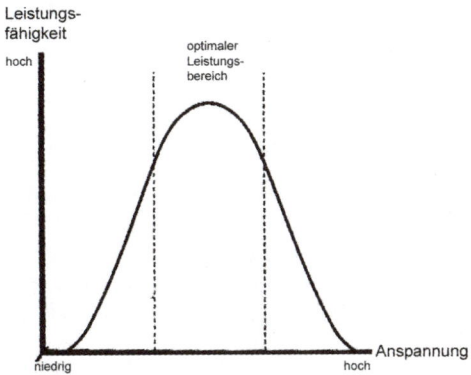

Leitungsfähigkeit in Abhängigkeit von der Anspannung

Die vorstehende Abbildung zeigt den Zusammenhang zwischen Anspannung und Leistungsfähigkeit. Sie zeigt, dass ein Redner nur mit einem Schuss Lampenfieber seine Höchstleistung vollbringt.

Wie gehe ich mit Lampenfieber um?

Kurzfristige Überwindung des Lampenfiebers

Bei den meisten Rednern setzt die Anspannung unmittelbar von dem Auftritt ein. Doch es gibt ein paar Tipps, um diesen kritischen Moment zu überstehen:

▸ Überprüfen Sie kurz vor Beginn noch einmal die Technik, das lenkt Sie von Ihrer Nervosität ab.

▸ Atmen Sie tief und bewusst in den Unterbauch und konzentrieren Sie sich auf Ihre Mitte. Dies verschafft Ihnen einen festen Stand.

▸ Ob Sie allein sein möchten oder ob Sie sich mit netten Menschen austauschen, das hängt von Ihrem Temperament und Ihrer Wesensart ab.

▸ Verschaffen Sie sich noch ein paar Schritte Bewegung, dies baut die Muskelanspannung ab.

▸ Beschäftigen Sie sich nicht mehr mit Ihrem Konzept, denn dies steigert Ihre Nervosität. Sagen Sie sich, dass Sie sorgfältig vorbereitet sind und es nun nichts mehr zu tun gibt. Überprüfen Sie Ihr Äußeres, die richtige Kleidung gibt Ihnen Sicherheit!

▸ Suchen Sie gegebenenfalls noch einmal die Toilette auf.

▸ Bewusstes Loslassen einzelner Muskelpartien entspannt Ihre Gesichtszüge.

▸ Füllen Sie Ihren Kopf mit positiven, angenehmen Bildern. Stellen Sie sich vor, wie Sie sich fühlen werden, wenn Sie die vor Ihnen liegende Aufgabe mit Bravour gemeistert haben. Nichts kann Ihnen passieren, Sie sind bestens vorbereitet!

▸ Spannen Sie einzelne Muskelgruppen in Arm und Schulter bewusst an, dann lassen Sie langsam wieder los.

▸ Vielleicht haben Sie schon einmal eine außergewöhnlich gute Rede gehalten? Dann wir es heute wieder so sein!

Nun gehen Sie mit ruhigen, festen Schritten nach vorn. Schauen Sie in die Runde, nehmen Sie Blickkontakt mit Ihren Zuhörern auf, gönnen Sie sich einen kurzen Moment, um sich an den Standort zu gewöhnen. Dieses „Ritual" können Sie auch bei Solisten zu Beginn einer Darbietung auf der Bühne beobachten. Nun holen Sie Atem und beginnen Sie mit Ihren Ausführungen – langsam und ohne Hektik.

Strategische Überwindung des Lampenfiebers

Um Ihre Einstellung zu ändern und Ihr Lampenfieber langfristig auf ein angemessenes Maß zu reduzieren, holen Sie am besten gezielt Informationen ein. Wie Sie ja wissen, kämpfen zahlreiche Redner mit dem gleichen Problem.

Fragen Sie „Leidensgenossen", wie sie mit diesen Schwierigkeiten fertig geworden sind. Welche Erfahrungen haben sie gesammelt? Welche Strategien haben sie verfolgt? Was war rasch umzusetzen und wirkungsvoll? Erarbeiten Sie einen Handlungsplan und stellen Sie sich folgende Fragen:

▸ Aus welchen Gründen leiden Sie unter Lampenfieber?

▸ Haben Sie nicht genügend Zeit zur Vorbereitung?

▸ Mangelt es Ihnen an Fachwissen?

▸ Liegt Ihnen der Zuhörerkreis nicht? Fürchten Sie ihn?

▸ Fällt Ihnen der Umgang mit dem Thema schwer?

▸ Haben Sie schlechte Erinnerungen an frühere Reden, die beim Publikum wenig Begeisterung geweckt haben?

Ist Ihnen das klar geworden, finden Sie leichter ein Mittel um Ihr Lampenfieber zu besiegen.

Nehmen Sie sich viel Zeit für die Vorbereitung. Es gibt Ihnen ein Gefühl der Sicherheit, wenn Sie alles gründlich durchdacht haben. Überlegen Sie sich ganz genau, zu wem Sie sprechen. Nach einer sorgfältigen Zuhöreranalyse schwindet die Angst vor der Gruppe leichter.

Übung macht den Meister

> *„Tue, was du fürchtest, und die Furcht stirbt."*
> *(Friedrich Nietzsche)*

Nutzen Sie jede sich bietende Gelegenheit, um vor Publikum zu sprechen – im Beruf, in der Familie oder im Freundeskreis. Übung macht den Meister! Analysieren Sie gute Redner im Fernsehen oder bei Veranstaltungen. Fragen Sie sich:

▸ Was ist an Ihnen sympathisch?

▸ Wodurch wirken Sie überzeugend und souverän?

▸ Wie fesseln sie ihr Publikum?

Nutzen Sie die Gelegenheit und ergreifen Sie bei Bespre-
chungen häufiger das Wort. Mit jedem Beitrag werden Sie
ein wenig sicherer. Üben Sie auch mit Stichwortzettel und
Manuskript. Machen Sie es wie die Sprecher im Fernsehen:
Prägen Sie sich den Satz ein und tragen Sie ihn dann frei
vor. Neigen Sie zu starkem Lampenfieber, so schreiben Sie
besser ganze Sätze nieder, damit Sie beim gefürchteten
Blackout nicht sprachlos sind.

Professionelle Hilfe

Leiden Sie unter extremen Redehemmungen, so zögern Sie
nicht, sich professionelle Hilfe zu sichern. Suchen Sie sich
einen Coach, der Sie mental trainiert. Buchen Sie einen
Rhetorikkurs, der Ihnen zu mehr Selbstsicherheit verhilft.
Auch Yoga, autogenes Training oder Meditation können
Ihnen mehr innere Ruhe und Ausgeglichenheit bescheren.
Diese Techniken sind allerdings ein langer Weg und kein
Patentrezept, das Sie aus dem Stand umsetzen können.

Eine große Hilfe: die Generalprobe

Machen Sie es so, wie es im Theater üblich ist: Nutzen Sie
die Gelegenheit zu einer Generalprobe. Haben Sie Ihren
Vortrag erst einmal zu Ihrer Zufriedenheit dargeboten, so
verschafft Ihnen dies ein größeres Maß an Sicherheit. Um
eine Generalprobe in Szene zu setzen bieten sich zwei
Möglichkeiten an.

Mentales Training

Schließen Sie die Augen und spielen Sie den Ablauf Ihrer Rede in allen Einzelheiten durch. Lassen Sie das gesamte Geschehen – vom Auftakt bis zum Applaus – vor Ihrem geistigen Auge vorbeiziehen. Da Sie ja ohnehin ständig gedanklich mit dem vor Ihnen liegenden Ereignis beschäftigt sind, bieten sich hierfür mannigfaltige Gelegenheiten.

Wo immer Sie sind – haben Sie ein wenig freie Zeit, so können Sie die Bilder, die Sie im Kopf haben, jederzeit abrufen. Falls es Ihnen gelingt, eine positive Einstellung zu dieser Trainingsform zu finden, kann sie Ihnen helfen, in jeder schwierigen Situation ein größeres Selbstbewusstsein zu entwickeln.

Die praktische Generalprobe

Stellen Sie sich vor den Spiegel und üben Sie den Text Ihres Vortrags laut, eventuell mit der entsprechenden Mimik und Gestik. Auch ein Diktiergerät oder eine Videokamera können eine wertvolle Hilfe sein, da Sie im Nachhinein jede Einzelheit nochmals überprüfen können.

Fangen Sie früh mit der Übung an und wiederholen Sie diese so oft, bis Sie mit dem Ergebnis zufrieden sind. Achten Sie auf Wortwahl, Satzbau (keine zu langen Formulierungen), Pausentechnik, Mimik und Gestik.

Am wirkungsvollsten ist es, wenn Sie Ihren Vortrag vor Publikum üben. Bitten Sie Ihre Familie, Ihre Freunde oder Ihre Arbeitskollegen Ihre Rede zu analysieren. Dies sollten sie mindestens zweimal tun, damit Sie sicher sind, dass Sie alle Schwachpunkte ausgemerzt haben.

Nehmen Sie das Ergebnis der Analyse dankbar und gelassen hin. Selbst wenn Ihnen unangenehme Wahrheiten verkündet werden, letztlich hilft man Ihnen nur weiter. Schreiben Sie die Kritikpunkte auf und verbessern Sie sich bis zur nächsten Übungsrunde. Bitten Sie Ihr Publikum, die auf der folgenden Seite abgedruckte Checkliste zur Selbst- und Fremdeinschätzung auszufüllen.

Bewertung	++	+	0	-
Auftreten und Stand				
Äußeres				
Körperhaltung				
Gestik				
Blickkontakt				
Mimik				
Interessanter, packender Beginn				
Sprech- und Pausentechnik				
Sie-Standpunkt				
Sicherheit				
Technik und Hilfsmittel				
Zeiteinteilung				
Engagement				
Stichwortzettel, Manuskript				
Interessanter, packender Schluss				

Geberalprobe: Checkliste zur Selbst- und Fremdeinschätzung

Denken Sie daran: Bei Filmaufnahmen wird eine Szene un-
zählige Male geprobt. Wie häufig Sie üben, hängt nicht
zuletzt auch von der Bedeutung Ihres Vortrags und der
Zusammensetzung des Publikums ab.

> Wenn Sie alles nach bestem Wissen und Gewissen
> berücksichtigt haben, müssen Sie nur noch verinnerli-
> chen: „Ich glaube fest an meinen Erfolg!"

Auf den Punkt gebracht

Ein gewisses Maß an Lampenfieber gehört zu jeder Rede. Ihr Körper schüttet Adrenalin aus und sorgt so dafür, dass Sie zu Höchstleistungen bereit sind.

Zu starke Redeangst wirkt jedoch eher kontraproduktiv.
Deshalb sollten Sie versuchen, Ihr Lampenfieber wei-
testgehend unter Kontrolle zu bringen. Dabei können
Ihnen verschiedene Entspannungstechniken und viel
Übung helfen. Auch kann es sinnvoll sein, professionelle
Hilfe in Anspruch zu nehmen.

Halten Sie vor Ihrer Rede eine Generalprobe ab. Das gibt
Ihnen die nötige Sicherheit.

So kommt Ihre Rede gut an

Charisma – Erfolg durch Ausstrahlung

Woher kommt es, dass manche Menschen unsere Aufmerksamkeit mehr als andere erregen, obwohl sie vielleicht weder besonders attraktiv sind, noch auf den ersten Blick über außergewöhnliche Fähigkeiten verfügen?

Diese Menschen haben Charisma! Sie besitzen eine ganz besondere Ausstrahlungskraft, wirken durch ihre Persönlichkeit, durch ihre positive Einstellung. Sie gewinnen die Herzen ihrer Mitmenschen mühelos, werden deshalb bewundert und beneidet. Sie verkörpern Energie, Selbstbewusstsein, Zielstrebigkeit und stehen anderen Ansichten und Lebensformen offen gegenüber. Was sie vertreten, präsentieren Sie mit Charme und Freundlichkeit. Sie wirken engagiert und selbstsicher. Deshalb möchte jeder hören, was diese Menschen zu sagen haben. Solche Persönlichkeiten faszinieren, doch man kann schwer in Worte fassen, warum das so ist.

Charismatische Persönlichkeiten

Wir alle kennen charismatische Führungspersönlichkeiten – also Menschen, die Visionen entwickeln, ihren Zielen treu bleiben und andere dafür begeistern. Gewiss fallen auch Ihnen Namen wie Mahatma Gandhi, Bill Clinton oder Helmut Schmidt ein. Oder Größen im Sport wie Franz Beckenbauer und Michael Schumacher. Es gibt gerade in diesem Bereich viele Erfolgreiche – schillernde Figuren, denen eine bestimmte Aura zugeschrieben wird, sind jedoch eher selten.

Charisma ist keineswegs nur bei Prominenten oder Reichen zu finden. Bestimmt kennen Sie in Ihrem Umfeld Menschen, denen Sie diese Eigenschaft zuschreiben. Ob eine Person über diese Tugend verfügt, ob sie das „gewisse Etwas" hat, hängt entscheidend von deren inneren Einstellung ab.

Wenn Sie Biographien von charismatischen Persönlichkeiten der Zeitgeschichte lesen, werden Sie feststellen, dass sie privat ganz normale Menschen mit Fehlern und Schwächen waren. So wie wir alle. Meist beruhte ihre Faszination auch nicht in erster Linie auf ihrem Fachwissen, wie so viele denken. Die meistern Charismatiker entwickelten ihre Fähigkeit eher unbewusst.

Um diese Eigenschaft zu kultivieren, brauchen Sie ein starkes Selbstbewusstsein. Und dies kommt nicht von heute auf morgen. Sie können es jedoch ständig weiterentwickeln. In den folgenden Abschnitten versuche ich Ihnen zu vermitteln, wie Sie Ihr Charisma stärken und vervollkommnen können.

Die psychologische Seite

Glaubwürdig ausstrahlen kann ein Mensch nur etwas, das von innen heraus kommt. Charisma entsteht dabei aus einer Mischung aus Glauben an sich selbst und sicherem Auftreten. Deshalb ist es wichtig, sich in Selbstbejahung zu üben.

Allerdings sollten Sie realistisch bleiben. Es ist wenig hilfreich, wenn Sie sich immer wieder vorsagen: „Ich bin der Beste". Sie sollten auch wirklich von sich und Ihren Fähigkeiten überzeugt sein. Sich dies immer wieder vorzubeten, hilft Ihnen gewiss nicht weiter. Überlegen Sie, welche Faktoren sie bewusst trainieren können. Körpersprache, Rhetorik und Äußeres lassen sich durch Selbstbeobachtung und gezieltes Training in jedem Fall verbessern.

> Eine überzeugende authentische Darstellung gelingt nur, wenn ein Mensch mit all seinen Fähigkeiten, seiner Energie und aus voller Überzeugung seine Aufgaben wahrnimmt und mit Begeisterung vorlebt. Nehmen Sie sich nicht zu ernst, lachen Sie auch einmal über sich selbst!

Stärken Sie Ihr Selbstbewusstsein!

Zum Charisma gehört ein starkes Selbstbewusstsein. Sie sollten also von Ihrem Tun und Ihren Fertigkeiten überzeugt sein. Sie müssen Ihre Stärken kennen und kultivieren und zu Ihren Schwächen stehen. Um sich selbst besser kennenzulernen, ist es unerlässlich, dass Sie sich der Beurteilung Ihrer Mitmenschen stellen. Beruflich und privat.

Erstellen Sie eine Checkliste Ihrer vermeintlichen Stärken und Schwächen. Das Ergebnis diskutieren Sie dann mit Menschen, die Ihnen nahestehen und Ihnen ehrlich ihre Meinung sagen. Fragen Sie sich:

▸ Wie reagiert mein Umfeld auf mein Verhalten?

▸ Welche Befürchtungen und Ängste habe ich?

▸ Was stört meine Mitmenschen an mir?

▸ Was macht meine Persönlichkeit aus?

Zeigen Sie Interesse und Engagement!

> *„Der beste Weg, andere an uns zu interessieren,*
> *ist der, an ihnen interessiert zu sein."*
> *(Emil Oesch)*

Es gibt verschiedene Möglichkeiten, Engagement zu zeigen. Eine davon ist, in der Verfolgung seiner Ziele beharrlich zu sein und auch schwierige Wege zu gehen.

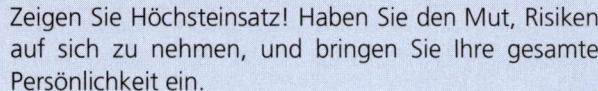

Zeigen Sie Höchsteinsatz! Haben Sie den Mut, Risiken auf sich zu nehmen, und bringen Sie Ihre gesamte Persönlichkeit ein.

Wenn es Ihnen gelingt, Ihren Beruf zur Berufung zu machen, so trägt dies wesentlich zur Steigerung Ihrer charismatischen Ausstrahlung bei. Gehen Sie in einer Sache auf und macht Ihnen das, was Sie tun, Freude, strahlen Sie Begeisterungsfähigkeit und Engagement aus. Dann wird auch der berühmte Funke von Ihnen auf Ihre Zuhörer überspringen. Versuchen Sie also, Ihr Leben soweit es geht darauf auszurichten, was Ihnen Spaß macht und Ihnen Zufriedenheit bringt.

Wenn Sie Ihren Mitmenschen echtes Interesse entgegenbringen, öffnet Ihnen das jede Tür. Dazu gehört, dass Sie Ihre eigenen Interessen nicht immer an erster Stelle sehen, sondern auch die Wünsche und Bedürfnisse der anderen berücksichtigen. Dies erreichen Sie, indem Sie Ihr Gegenüber ausreden lassen und aktiv zuhören. Denken Sie daran: Der wichtigste Mensch ist immer der, dem Sie gerade gegenüberstehen.

Treffen Sie klare Entscheidungen!

Sicher wünscht sich jeder ein selbstständiges, abwechslungsreiches Leben mit immer neuen Herausforderungen. Allerdings ist ein hohes Maß an wirtschaftlicher Sicherheit für unser Wohlergehen meist unerlässlich. In der Regel sind diese beiden Dinge jedoch kaum miteinander vereinbar. Wie heißt es doch so schön: „Wir können den Kuchen nicht aufessen – und behalten."

Damit Sie wissen, welche Entscheidungen für Sie die richtigen sind, brauchen Sie ein klares Bild Ihrer Werteskala.

▸ Lodert tief in Ihnen die Abenteuerlust?

▸ Oder ist Ihnen ein geregeltes Monatseinkommen wichtiger?

▸ Welche Verpflichtungen haben Sie, zum Beispiel Ihrer Familie gegenüber?

Je klarer Sie sich Ihre Vorstellungen machen, desto besser können Sie Ihre Kräfte darauf ausrichten, diese zu verwirklichen. Ein ständiges Hin- und Herschwanken kostet unnötig Kraft, schwächt Ihr Selbstbewusstsein und hindert Sie daran, dem roten Faden in Ihrem Leben zu folgen.

Der Sinn des Lebens

> *„Wer keinen Mut zum Träumen hat,*
> *der hat auch keine Kraft zum Kämpfen."*
> *(Sprichwort)*

Charismatische Menschen haben meist fest umrissene Ziele in Ihrem Leben und zögern nicht, sie auch nach Kräften zu verfolgen. Die Vorstellungen können mannigfaltig sein.

> *Mögliche Lebensziele:*
>
> ‣ *anderen Menschen helfen,*
>
> ‣ *viel Zeit für Reisen,*
>
> ‣ *ein hohes Maß an Bildung,*
>
> ‣ *wirtschaftlicher Wohlstand,*
>
> ‣ *ein großer Freundeskreis,*
>
> ‣ *berufliche Höhenflüge …*

All diese Dinge und die Erfüllung dieser Wünsche können uns motivieren und Lebensqualität bescheren. Denn sämtliche Psychologen sind sich darüber einig: Ohne Ziel kann der Mensch kein erfülltes Leben führen. Jeder hat jedoch eine andere Vorstellung davon, wie er sich selbst verwirklichen kann.

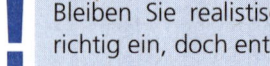 Bleiben Sie realistisch, schätzen Sie Ihre Fähigkeiten richtig ein, doch entwickeln Sie auch Visionen.

Vielleicht können Ihnen die folgenden Fragen ein wenig helfen, damit Sie ein harmonisches Verhältnis zu sich selbst und Ihrer Umwelt entwickeln:

‣ Was habe ich als Kind schon besonders gern gemacht?

‣ Welche meiner Tätigkeiten gibt mir Kraft und Zufriedenheit?

‣ Bei welchen Themen reagiere ich besonders emotional?

‣ Welche Wünsche und Anliegen habe ich?

▸ Wofür werde ich ganz besonders geschätzt?

▸ Welchen Menschen vertraue ich und wie können sie mich bei meiner Suche nach mir selbst unterstützen?

Optimismus, Humor und Freundlichkeit

> *„Grundlage zu einem Erfolg sind oft Niederlagen."*
> *(Sprichwort)*

Alle Menschen möchten gemocht und wertgeschätzt werden. Jeder freut sich über ein ehrliches Kompliment. Behandeln Sie daher alle gleichermaßen freundlich und höflich. Auf diese Weise öffnen Sie fast jede Tür.

Ihre Zuwendung sollte jedoch echt sein. Geheucheltes Interesse wird schnell entlarvt. Suchen Sie im Umgang mit anderen stets die positive Basis – es gibt immer eine! Und es gibt wohl kaum einen Menschen, von dem Sie nichts Positives erfahren könnten.

Auch in schwierigen Situationen haben charismatische Menschen den festen Glauben an eine gute Zukunft. Sie entdecken auch in negativen Erfahrungen positive Aspekte, die sie in ihrer Entwicklung weiterbringen. Versuchen Sie, auch Ihre Mitmenschen von dieser Sichtweise zu überzeugen, und bewahren Sie sich Ihren Optimismus. Denken Sie daran: Die Bilder, die wir im Kopf haben, möchten sich auch erfüllen – ob positive oder negative.

> Eine optimistische Einstellung ist immer die halbe Miete! Zeigen Sie Mut zum Risiko und kämpfen Sie für Ihre Ideale. **!**

Sie haben nun das Ziel, Ihr Leben bewusster und optimistischer anzugehen. Doch das funktioniert ganz sicher nicht von heute auf morgen.

 Setzen Sie sich kleine Ziele und lassen Sie sich niemals durch Rückschläge entmutigen!

Wir alle können das Leben nicht jeden Tag gelassen sehen: Höhen und Tiefen, Enttäuschungen durch sich selbst und andere gehören nun einmal dazu. Ein entscheidender Schritt ist schon, wenn Sie etwas mehr wagen und etwas weniger befürchten. Bekennen Sie sich zu Ihren Ansichten und Wertvorstellungen, ohne andere zu verletzen und zurückzusetzen. Ziehen Sie bei Kritik nicht den Kopf ein, reagieren Sie nicht aggressiv, sondern sehen Sie es als Hilfestellung bei Ihrer persönlichen Weiterentwicklung.

Wenn Sie jederzeit für das einstehen, was Sie getan oder unterlassen haben, hebt Sie dies allein schon über die große Masse hinaus. Überwinden Sie Ihre Hemmungen, denn es ist Ihr Recht, Ihre positiven Eigenschaften zur Geltung zu bringen. Bescheidenheit ist nicht immer eine Zier!

Sicher können Sie sich nicht immer und überall durchsetzen, doch zeigen Sie Flagge – es wird Ihnen Achtung und Wertschätzung eintragen. Wie sagte schon Freiherr von Knigge: „Die Kunst des guten Benehmens besteht darin, sich geltend zu machen, ohne andere unerlaubt zurückzudrängen."

Auf den Punkt gebracht

Charismatische Persönlichkeiten sind selbstbewusst und zielstrebig und vermitteln Ihre Ideen auf charmante und überzeugende Art. Stärken Sie Ihr Selbstbewusstsein, zeigen Sie Interesse und Engagement und werden Sie sich über Ihre Lebensziele klar. Wenn Sie Ihre Ansichten optimistisch und mit Humor vertreten, so werden auch Sie die Herzen Ihrer Zuhörer leichter gewinnen.

Sprech- und Pausentechnik

Ihre Sprech- und Pausentechnik trägt in erheblichem Umfang zu dem Eindruck bei, den Ihre Rede beim Publikum hinterlässt. Wenn Sie zu lange Sätze bilden, bei denen Ihnen am Ende der Atem ausgeht, wirken Sie gehetzt und unsicher. Die Konzentration Ihrer Zuhörer lässt nach, Unruhe macht sich breit.

Zu Beginn meiner Rhetorikseminare hält jeder Teilnehmer eine Einführungsrede von zwei bis drei Minuten. Ich stelle immer wieder fest, dass sich selbst in dieser kurzen Zeit Fehler einschleichen, die für eine solche Stresssituation typisch sind:

▸ falsche Atemtechnik

▸ zu schnelles Sprechtempo

▸ undeutliche Aussprache

▸ zu hohe oder monotone Stimmlage

▸ fehlende Pausentechnik

▸ zu lange Sätze

▸ zu wenig Volumen (flache Atmung)

▸ falsche Betonung

Alle vorgenannten Faktoren zusammen ergeben das Bild, das Ihre Persönlichkeit als Redner ausmacht. Wenn Sie hier gravierende Fehler begehen, kann Ihre Stimme auch die überzeugendsten Argumente nicht mehr optimal transportieren, der positive Gesamteindruck wird zunichte gemacht.

Atmung

„Reden ist tönendes Ausatmen", heißt es ganz richtig. Mit der Einatmung nehmen Sie den benötigten Sauerstoff auf. Mit der Ausatmung regen Sie Ihre Stimmbänder zum Schwingen an. Auf das richtige Ausatmen kommt es also an. Erst wenn Sie diese Technik beherrschen, können Sie mit einer kräftigen, tragenden Stimme überzeugen. Durch gekonntes, langsames Ausatmen finden Sie Ruhe und zähmen Ihre Redeangst.

Es wirkt alles andere als selbstsicher und souverän, wenn Sie mitten im Satz nach Luft schnappen müssen. Die Einatmung sollte dann erfolgen, wenn der Text eine sinnvolle Unterbrechung verlangt. Also formulieren Sie in kurzen Sätzen, blicken in die Runde und legen am Ende eines Satzes eine Pause ein.

Grundsätzlich unterscheiden wir zwischen der Brust- und der Bauchatmung. Die Brustatmung entwickelt sich häufig, wenn Sie im Stress sind, oder bei großen körperlichen

Anstrengungen. Sie ziehen die Luft durch den Mund ein, atmen zu flach, der Rachenraum wird trocken – Ihnen geht „die Puste aus".

Mark Twain sagte nach seiner ersten Rede: „Ich glaubte, mein Mund sei mit Baumwolle gepolstert." Damit Ihnen dieses Gefühl erspart bleibt, sollen Sie soweit als irgend möglich durch die Nase einatmen. Dies führt automatisch zur Bauchatmung, Ihre Atemkapazität steigert sich erheblich. Die eingeatmete Luft wird auf diese Weise gefiltert und erwärmt, hierdurch trocknet der Rachenraum nicht so schnell aus. Ihre Stimme wirkt kräftiger, Sie wirken souveräner. Bevor Sie anfangen zu sprechen, nehmen Sie Blickkontakt mit Ihrem Publikum auf und atmen langsam durch die Nase ein – erst dann beginnen Sie mit Ihrem Vortrag.

Sprechtempo

schnell				X		langsam
rhythmisch		X				abgehackt

Stimmstärke

laut			X			leise
hart				X		weich

Stimmlage

hoch				X		tief

Volumen

wenig				X		voluminös

Sprechtechnik. Das Kreuzchen kennzeichnet den Idealzustand

Sprechtempo und Stimmlage

Ob Sie eine hohe oder eine tiefe Stimme haben, das wurde Ihnen in die Wiege gelegt. Nun ist es eine Tatsache, dass eine dunklere Stimme mehr Fachkompetenz ausstrahlt und überzeugender wirkt.

Damit Ihre Stimme voluminöser klingt, können Sie ein Sprechtraining buchen. Hier lernen Sie auch, wie Sie mit Ihrer Stimme spielen können, das heißt, wie Sie Stimmlage und Sprechtempo variieren. Eine anhaltend langsame und sehr tiefe Stimme kann von Fall zu Fall auch monoton und unengagiert wirken. Eine sehr hohe Stimme erscheint hektisch und nervös. Ändern Sie jedoch Ihr Sprechtempo zwischendurch, empfindet das Publikum Ihren Vortrag als spannender und abwechslungsreicher.

> Oberster Grundsatz: Sprechen Sie langsam und formulieren Sie in kurzen Sätzen!

Lautstärke

Artikulieren Sie abwechselnd lauter und leiser! Auf diese Weise fesseln Sie Ihre Zuhörer. Bei großer Unruhe im Raum ist es manchmal sinnvoll, mit leiserer Stimme zu beginnen, um die Aufmerksamkeit zu wecken und für Ruhe zu sorgen. Wenn alle gebannt an Ihren Lippen hängen, fahren Sie mit normaler Lautstärke fort. Werden Sie durch Zwischenrufe darum gebeten, etwas lauter zu sprechen, so tragen Sie dem Rechnung. Gegebenenfalls sorgen Sie beim nächsten Mal dafür, dass Ihnen eine Verstärkeranlage zur Verfügung steht.

Zu laut sollte Ihre Stimme aber keinesfalls sein. Sie möchten Ihr Publikum doch sicher nicht niederschreien! Ihre Zuhörer könnten es als Zeichen der Unsicherheit ansehen, wenn Sie die Stimme zu sehr erheben. Wie schrieb einmal ein Pfarrer als Randbemerkung an seine Predigt? „Hier laut reden, da Argumente fehlen …"

Pausentechnik

Ihre Zuhörer dürfen nicht das Gefühl haben, dass Ihre Rede wie ein Wasserfall an ihnen vorbeirauscht. Sie wirken unsicher, wenn Sie ohne Punkt und Komma reden. Ihr Publikum wird vermuten, Sie stünden so sehr unter Spannung, dass Sie aus Nervosität so rasch wie möglich zum Ende kommen wollen.

Setzen Sie daher eine gekonnte Pausentechnik als rhetorisches Stilmittel ein. Legen Sie am Ende eines Satzes eine Pause ein und nehmen Sie Blickkontakt zu Ihrem Publikum auf. Hierdurch klingt Ihre Stimme angenehmer, Sie wirken nicht „atemlos" und strahlen Sicherheit und Souveränität aus.

Gezielte Pausen haben Vorteile für das Publikum und den Redner:

▸ Die Zuhörer können das Gehörte verarbeiten.

▸ Durch die Denkpause können sie sich für einen Moment entspannen.

▸ Sie können sich auf die nächste Information einstellen.

▶ Der Redner kann in Ruhe Atem holen.

▶ Er kann die Reaktionen im Publikum aufnehmen.

▶ Er kann sich auf seinen nächsten Satz vorbereiten.

Ein erfolgreicher Redner hat in diesem Zusammenhang einmal festgestellt: „Man muss Pausen hören können!"

Die Frage ist nun, wie Sie dies erreichen können. Welche Wirkung hat eine gekonnte Pausentechnik auf das Publikum?

▶ Legen Sie vor einer wichtigen Ausführung eine Pause ein, so wird diese akzentuiert.

▶ Die Pause nach einer Aussage wirkt als Verstärker.

▶ Legen Sie nach dem wirkungsvollen Schlusssatz eine Pause ein, bevor Sie Ihren Standort verlassen. So werden die Zuhörer zum Applaudieren animiert.

Die Pausentechnik gehört also zu den wichtigsten Stilmitteln im Rahmen Ihres Vortrags. Sie verschafft eine elegante Überleitung zu den einzelnen Teilen Ihrer Ausführungen. Haben Sie deshalb keine Angst vor der Stille im Raum! Ihre Zuhörer werden Ihnen dankbar sein, wenn Sie ihnen zwischendurch die Gelegenheit geben das Gehörte zu „verdauen".

> Üben Sie bei jeder Gelegenheit, trainieren Sie Ihre Stimme und Ihre Pausentechnik, denn: „Je untrainierter unsere Stimme ist, umso eher verrät sie unseren Gemütszustand."

Auf den Punkt gebracht

Achten Sie während Ihrer Rede auf Ihre Atmung. Sprechen Sie in einer angenehmen Stimmlage und versuchen Sie, weder zu schnell noch zu langsam, weder zu laut noch zu leise zu sprechen. Setzen Sie Pausen gezielt als Stilmittel und zur Entspannung ein.

Körpersprache

In der Entwicklung zum heutigen modernen Menschen kam zuerst die Körpersprache – dann erst die Sprache. Die Körpersprache verdeutlicht ohne Worte Ihre innere Haltung, Ihr instinktives Handeln, Ihr Verhältnis zu anderen und Ihre Gefühle. Bevor Sie auch nur ein einziges Wort formulieren, haben Sie Ihre Aussage größtenteils schon nonverbal ausgedrückt.

In der zwischenmenschlichen Kommunikation überwiegt der Anteil der Körpersprache. Er übertrifft den der verbalen Kommunikation deutlich.

Beurteilen körpersprachlicher Zeichen

Nun geht es jedoch nicht nur darum, Ihre eigene Körpersprache zu durchleuchten. Ebenso wichtig ist es, Ihr Gegenüber anhand seiner körpersprachlichen Aussagen besser einschätzen zu können. Wenn Sie sich in diesem Punkt sensibilisieren, werden Sie leichter erkennen, ob die verbalen Aussagen wirklich eine Einheit mit der Körpersprache Ihres Gesprächspartners bilden.

Also bleiben Sie sich bitte treu! Aus einem introvertierten, schüchternen Zeitgenossen kann nicht vor Publikum plötzlich ein extrovertierter Draufgänger werden. Übertriebene Gesten, die nicht zu Ihrem Wesen passen, wirken aufgesetzt und wenig glaubwürdig. Ihre Aussagen werden nur verstärkt, wenn Ihre Körperhaltung natürlich und harmonisch wirkt.

Um körpersprachliche Aussagen und deren Bedeutung zu beurteilen, reicht die Bewertung einer einzigen Bewegung bei Weitem nicht aus. Bitte beachten Sie bei der Beurteilung folgende Voraussetzungen:

▸ Die Bewegung(en) sollte(n) unbewusst abgelaufen sein. Schauspielerei, also unnatürliches Verhalten, unterliegt anderen Bewertungskriterien.

▸ Körperliche Gebrechen gehen nicht in die Bewertung ein.

▸ Es sollte mindestens zwei Bewegungen auf das Gleiche hindeuten. Zum Beispiel: Offene Handhaltung, ein fröhliches Gesicht und ein zugewandter Körper signalisieren Sympathie.

▸ Angewohnheiten werden nicht bewertet.

▸ Wir sprechen hier über die Körpersprache im deutschsprachigen Raum.

▸ Beachten Sie bei der Beurteilung neben den körpersprachlichen Aussagen die Umgebung, die Situation, die Position und die verbale Aussage.

Die folgende Betrachtung der körpersprachlichen Signale sollen Sie nicht zum Schauspielern verleiten. Jedoch werden Sie bei entsprechender Übung Ihre Bewegungen – und die anderer Menschen – besser erkennen und deuten können. Diese Botschaften sind nicht immer eindeutig, da sehr viele Kriterien bei der Bewertung zu berücksichtigen sind. In diesem Zusammenhang sei der Spruch von Samy Molcho erwähnt: „Der Körper lügt nicht!"

Sicheres Auftreten

Wenn Sie Ihre Vortragsposition einnehmen und mit Ihrer Rede beginnen möchten, so gehen Sie bitte langsam und ohne Hektik nach vorne. Auf dem Weg dorthin können Sie schon ein wenig Blickkontakt mit Ihrem Publikum aufnehmen. Doch achten Sie bitte auf Stufen oder Kabel, damit Sie nicht ins Stolpern geraten und ungewollt für einen Heiterkeitserfolg sorgen.

Haben Sie Ihren Standort erreicht, so blicken Sie ruhig in die Runde und „sammeln Sie die Blicke ein". Suchen Sie sich eine bequeme Haltung, doch stehen Sie bitte nicht zu breitbeinig, denn dies wirkt häufig zu dominant. Ein Abstand von ca. 15 Zentimetern zwischen den Füßen ist ideal, die Schuhspitzen weisen leicht nach außen. Drücken Sie die Knie nach Möglichkeit nicht ganz durch, Sie wirken sonst leicht ein wenig steif.

Wollen Sie Ihren Standort ändern – z. B. um etwas an den Flipchart zu schreiben – so tun Sie dies überlegt und nicht zu schnell. Beschränken Sie diese Aktionen auf ein Mindestmaß, denn Ihr Publikum schätzt es kaum, wenn Sie eine „Wanderung" einlegen. Möchten Sie eine Ihrer Aussagen besonders hervorheben, so können Sie während des Sprechens gezielt einen Schritt auf Ihre Zuhörer zugehen.

> **!** Bemühen Sie sich stets um einen ruhigen Stand. Wenn Sie mit den Füßen wippen, ständig von einem Bein auf das andere treten oder „auf Wanderschaft gehen", wirken Sie unruhig und nervös.

Haltung der Füße und Beine	Mögliche Wirkung
Schnelles, hektisches Gehen zum Redestandort	Unruhe, Ungeduld, Fahrigkeit, fehlende Konzentration, Hektik
Zu langsames Gehen zum Redestandort	Unentschlossenheit, Angst, Zurückhaltung
Einen halben Schritt in Richtung Publikum während der Rede	Verstärkung der Aussage, besondere Hervorhebung der Aussage
Fester, ruhiger Stand, Knie nicht durchgedrückt	Sicherheit, Nachdruck, „Fels in der Brandung"
Von einem Bein auf das andere treten	Nervosität, Unruhe, Anspannung
Mit einem Fuß auf den Boden stampfen	Entschlossenheit, Beginn, Aggression
Füße stehen eng zusammen	Verklemmtheit
Füße stehen zu weit auseinander	Dominanz
Wippen, wackeln	Unruhe, Unsicherheit
Einmal auf die Fußspitze stellen	Nachdruck verleihen

Haltung der Füße und Beine und deren mögliche Wirkung auf den Zuhörer

Körperhaltung

Unsere Körperhaltung ist ein Zusammenspiel von Kopf, Schultern, Rumpf, Becken, Beinen und Füßen. Kontrollieren Sie so oft als möglich Ihre Körperhaltung, denn sie sagt sehr viel über Ihre Einstellung zum Leben, Ihre Disziplin und Ihre Selbstsicherheit aus. Nach vorne übergebeugt und mit hängenden Schultern kann niemand Optimismus und Daseinsfreude ausstrahlen!

> Achten Sie während Ihres Vortrags auf eine aufrechte, jedoch nicht zu steife Haltung. Vermeiden Sie zu häufiges Hin- und Herbewegen des Oberkörpers, Ihre Unruhe überträgt sich leicht auf Ihr Publikum.

Eine aufgerichtete Körperhaltung erleichtert Ihnen die Atmung, denn die Lungenhilfsmuskulatur kann so leichter arbeiten.

„Wie außen – so innen", sagte der große Schiller. Also zeigen Sie durch Ihre äußere Haltung auch Ihre innere (Gemüts-)Haltung. Eine selbstbewusste, positive Körperhaltung verschafft Ihnen größere Überzeugungskraft und wirkt motivierend auf Ihre Zuhörer.

Körperhaltung	Mögliche Wirkung
Gerade, straffe Haltung	Selbstbewusstsein, wirkt oftmals zu steif
Nach vorn gebeugte Haltung	Entgegenkommen, Unterwerfung

Körperhaltung	Mögliche Wirkung
Brust raus, Bauch rein	Selbstbewusstsein, Imponiergehabe
Aufrechte, normale Haltung. Gewicht auf beide Füße verteilt	Steht wie ein „Fels in der Brandung"
Oberkörper wendet sich ab	Kein Interesse
Oberkörper wendet sich zu	Entgegenkommen, Interesse

Körperhaltung und deren mögliche Wirkung auf den Zuhörer

Kopfhaltung

Ihre Kopfhaltung hat auf den Klang Ihrer Stimme einen entscheidenden Einfluss. Sie können dies leicht ausprobieren: Stellen Sie sich aufrecht hin, atmen Sie einige Male tief ein und aus und artikulieren Sie beim Ausatmen ein gleichmäßiges „O". Heben und senken Sie während des Sprechens den Kopf, verschlechtert sich automatisch die Tonqualität. Prägen Sie sich Ihre ideale Kopfhaltung bewusst ein.

Während Ihres Vortrags sollten Sie möglichst nur während der Sprechpausen zum Manuskript schauen, damit die Klangqualität nicht leidet. Achten Sie darauf, dass Sie erst mit erhobenem Kopf weitersprechen. Wollen Sie ein Vollmanuskript vorlesen, ist eine ausgefeilte Pausentechnik daher besonders wichtig. Beim Vorlesen schauen Sie auf das Blatt, der Kopf ist ständig gesenkt. Ihre Stimme kann somit nicht voll zur Entfaltung kommen.

Kopfhaltung	Mögliche Wirkung
Gerade Kopfhaltung	Sicherheit, Aufrichtigkeit, Stolz
Ruckartige Bewegung	Trotz, Ablehnung, Widerspruch
Nach hinten geneigter Kopf	Zurücknahme, Distanzierung, Überheblichkeit, Unkonzentriertheit
Leicht gesenkter Kopf	Entgegenkommen, Wohlwollen
Stark gesenkter Kopf	Ergebenheit, Unterordnung, Demut
Zur Seite geneigter Kopf	Abwartend, kritisch, ausweichend
Kopf pendelt von einer Seite zur anderen	Unentschlossenheit
Kopf einziehen	Schuldbewusstsein, Angst, Unwissenheit

Kopfhaltung und deren mögliche Wirkung auf den Zuhörer

Blickkontakt

„Die Augen sind das Spiegelbild der Seele."

Dieses Sprichwort allein sagt schon aus, welch ausschlaggebende Bedeutung der Blickkontakt in jeder zwischenmenschlichen Kommunikation hat. Während Ihres Vortrags sollten Sie zwischendurch so oft als möglich in die Runde schauen, damit Ihre Zuhörer sich angesprochen und in das Geschehen einbezogen fühlen.

Der Blickkontakt ist für jeden Kommunikationsprozess von großer Bedeutung und daher auch entscheidend für den

Erfolg Ihres Vortrags. Viele Redner haben jedoch Schwierigkeiten damit, wohldosiert Blickkontakt mit Ihrem Publikum zu halten.

> ### *Häufige Fehler:*
>
> *Manche Redner schauen ratlos zur Decke. Dies signalisiert den Zuhörern: „Herr hilf, ich suche im Moment …" Oder Sie fixieren den Fußboden, was als unsicher und gehemmt ankommt.*

Bemühen Sie sich um Augenkontakt mit Ihrem Publikum. Wie bereiten Sie Ihren Vortrag nun diesbezüglich am besten vor? Während Sie zu Ihrem Standort gehen, blicken Sie schon einmal in die Runde und nehmen die Stimmung auf. Haben Sie Ihren Platz eingenommen, gönnen Sie sich und Ihrem Publikum eine kleine Pause von ca. zwei bis drei Sekunden. Sammeln Sie die Blicke ein – dies verschafft Ihnen die nötige Aufmerksamkeit – und beginnen Sie dann mit Ihren Ausführungen. Auf diese Weise strahlen Sie Sicherheit und Souveränität aus.

Stehen Sie vor einer Gruppe von ca. 15 bis 20 Personen, so können Sie mit jedem der Zuhörer während Ihrer Rede mehrmals Blickkontakt aufnehmen. Bei einem größeren Auditorium ist es schwierig, alle anzuschauen. Die Gefahr ist groß, dass Sie in den sogenannten „Scheibenwischerblick" verfallen und dadurch extrem unruhig wirken.

Je größer die Gruppe, desto größer sollte der Abstand zwischen Ihnen und Ihren Zuhörern sein. Damit sich jeder Einzelne einbezogen fühlt, suchen Sie sich eine Person vorne links, in der Mitte, hinten rechts usw. aus und schauen Sie diese gezielt an. Auf diese Weise variieren Sie

Ihren Blickkontakt während Ihres ganzen Vortrags. Automatisch werden sich alle anderen im Umfeld dieser Person ebenfalls angesprochen fühlen.

Blickkontakt	Mögliche Wirkung
Offener, gerader Blick	Sicherheit, Aufrichtigkeit
Blick nach unten	Betroffenheit, unangenehme Situation
Blick nach oben	Suchen, „Herr, hilf …"
Ausweichender Blick	Unsicherheit, Arroganz, steht nicht hinter dem Gesagten
Fixierender Blick	Übertriebene Sicherheit, will Blickgefecht gewinnen, wirkt unangenehm und einschüchternd
Blick von oben herab	Missachtung
Sehr langer Blickkontakt	Vertrauen, Offenheit, Sicherheit, Verliebtheit
häufiges Bewegen der Lider	Nervosität

Blickkontakt und seine mögliche Wirkung auf den Zuhörer

Suchen Sie zu Beginn den Augenkontakt mit einer Person, die Ihnen eine positive Mimik zeigt. Dies gibt Ihnen Sicherheit und Selbstvertrauen. Dies kann durchaus jemand sein, der Ihnen bekannt ist und den Sie gezielt platziert haben um Ihnen beizustehen.

Mimik

„Ein Lächeln kann man nicht verschenken,
es kommt immer zurück."
(Amerikanisches Sprichwort)

Eine freundliche Mimik öffnet Türen und sorgt für eine positive Gesprächsatmosphäre. Ein verbindliches Lächeln zu Beginn Ihrer Rede wirkt sympathisch und stellt einen persönlichen Kontakt zu Ihrem Publikum her. Doch übertreiben Sie es nicht! Sie möchten sicher nicht, dass Ihre Zuhörer an Ihrer Ernsthaftigkeit zweifeln und Sie unseriös wirken. Natürlich muss die Häufigkeit Ihres Lächelns mit Ihrem Thema harmonieren.

Ihr Gesichtsausdruck sollte ein Spiegelbild Ihrer derzeitigen Befindlichkeit sein: Sind Sie nachdenklich, besonders konzentriert, empfinden Sie Freude oder Bedauern? Eine aufgesetzte Mimik, die Ihr eigentliches Empfinden verbergen soll, wird rasch entlarvt. Sie wirken maskenhaft und unnatürlich. Je mehr Ihr innere und Ihre äußere Haltung übereinstimmen, desto überzeugender und glaubwürdiger wirken Sie.

! Kontrollieren Sie sich genau, beobachten Sie sich: Haben sich unschöne Marotten eingeschlichen? Demotivieren Sie durch Ihren Gesichtsausdruck Ihr Gegenüber oder wirken Sie stets aufgeschlossen und positiv?

Ihre Mimik zeigt deutlich, wie Ihre Lebenseinstellung ist, welches Verhältnis Sie zu Ihren Mitmenschen haben. Denken Sie immer daran: „Jeder ist für sein Gesicht selber verantwortlich."

Mimik	Mögliche Wirkung
Waagerechte Falten auf der Stirn	Konzentration, Unbehagen
Naserümpfen	Unangenehme Situation
Zucken der Mundwinkel	Skepsis
Gesenkte Mundwinkel	Trauer, Enttäuschung
Angehobene Mundwinkel	Freude, gute Stimmung
Geöffneter Mund	Erstaunen, Genusssucht, Aufnahmebereitschaft
Angespannte, verschlossene Lippen	Entschlossenheit, Starrsinn
Zusammengepresste Lippen	Verbissenheit, Wut
Befeuchten der Lippen	Genuss, Nervosität
Unterlippe hochschieben	Schmollen, Überlegung
Mittelteil der Oberlippe hochziehen	Ekel – stärkstes körpersprachliches Zeichen von Ablehnung

Mimik und deren mögliche Wirkung auf den Zuhörer

Die Gestik

Unter Gestik versteht man die Gesamtheit der Gesten, insbesondere der Hände und Arme. Mit diesen Bewegungen bringen wir unsere innere Haltung zum Ausdruck. Durch Gesten und Mimik verstärken wir die Ausdruckskraft unserer Sprache. Gesten sind abhängig vom jeweiligen Kulturkreis und auch von unserem Temperament.

Sie können Ihre Ausführungen durch gezielte Gesten unterstreichen. Doch vergessen Sie bitte nicht, dass Ihre Gestik mit dem gesprochenen Wort und Ihrem Gesichtsausdruck eine Einheit bilden sollen. Nur so können Sie glaubwürdig wirken.

Antrainierte, übertriebene Gesten geben Sie leicht der Lächerlichkeit preis. Nicht jeder ist ein extrovertierter Typ, der temperamentvoll mit Armen und Händen redet. Sind Sie eher schüchtern, so ist es besser, Gesten nur sparsam einzusetzen. Sie wollen ruhig, souverän und authentisch wirken. Hierzu sollte auch Ihre Gestik passen – hektische Bewegungen wirken fahrig und nervös.

Stimmige, bildhafte Handbewegungen

Gesten sind in aller Regel geräuschlos. Doch kann es in Einzelfällen durchaus wirkungsvoll sein, wenn Sie Ihrer Aussage durch ein Klatschen in die Hände, ein Schnipsen mit den Fingern oder auch einen nachdrücklichen Schlag auf die Tischplatte größeres Gewicht verleihen. Achten Sie auch darauf, dass die eingesetzte Geste mit der Bedeutung des gesprochenen Wortes übereinstimmt. Wenn Sie beispielsweise von „oben" sprechen, so sollten Ihre Hände auch nach oben weisen.

Begriff	Gestik
Welle	Wellenförmige Bewegung der Hände
Globalisierung	Hände deuten einen Kreis an, den Globus

Begriff	Gestik
Zusammenführung	Hände nähern sich in der Vorwärtsbewegung
Abwägen	Nach oben gerichtete Handflächen bewegen sich auf und ab
Erstens, zweitens, drittens	Daumen, Zeigefinger und Mittelfinger werden nacheinander gestreckt
Zielstrebigkeit	Hand, speziell der Zeigefinger, zeigt in die Richtung
Belehrung	Erhobener Zeigefinger
Zorn	Faust schlägt auf den Tisch
Stopp	Ausgestreckter Arm mit offener, nach vorn zeigender Handfläche

Stimmige, bildhaft Handbewegungen

> Gestik und Aussage sind nur dann stimmig, wenn das, was jemand sagt, mit dem, wie er sich verhält, übereinstimmt.

Wohin mit den Händen?

Diese Frage stellen mir die Teilnehmer meiner Seminare häufig am Beginn der Schulung. Bei gesellschaftlichen Anlässen ist es oftmals eine Hilfe, sich an einem Glas festzuhalten. Dieser Ausweg bietet sich im Berufsleben jedoch selten. Was können Sie also tun, bevor Ihr großer Auftritt dann tatsächlich beginnt?

Bemühen Sie sich, die Arme locker hängen zu lassen. In dieser Position sollten Sie Hände und Finger allerdings nicht bewegen, denn der Bereich unterhalb der Gürtellinie gilt bei Rednern als negativ. Winkeln Sie die Arme an und bewegen Ihre Hände zwischen Hüftlinie und Brustbereich, so wirken Ihre Aussagen neutral. Dies geschieht automatisch, wenn Sie etwas in der Hand halten, beispielsweise einen Stichwortzettel, eine Funkmaus oder einen Pointer.

Mit etwas Übung können Sie Ihre Worte dennoch mit der freien Hand unterstreichen. Sind Sie sehr engagiert oder begeistert, werden Sie Ihre Arme unbewusst anheben. Diese Gestik wird immer als positiv bewertet.

▸ Vermeiden Sie es stets, die Hände in die Hosentaschen zu stecken. Dies kommt häufig als nachlässig und unhöflich an. Sie können in lockerer Runde jedoch ruhig ab und zu einmal eine Hand kurzzeitig in der Hosentasche versenken.

▸ Natürlich kann es eine Marotte sein, wenn Sie laufend an Ihrem Ring spielen oder Ihren Kugelschreiber auf Funktionstüchtigkeit testen. Es kann Ihnen aber auch als Unsicherheit ausgelegt werden.

▸ Vermeiden Sie starkes Rudern mit den Armen. Sie verlieren Ihren sicheren Stand und laufen Gefahr, nicht mehr ernst genommen zu werden.

▸ Wenn Sie Ihre Arme hängen lassen und sich die Hände berühren, so sprechen wir von der Gebets- oder Büßerhaltung. Das wirkt verschlossen und verklemmt.

▸ Ihre Hände formen ein nach vorne zeigendes Spitzdach. Dies signalisiert Ihren Zuhörern: „Meine Meinung steht fest, ich lasse keine Einwände zu." Dieses Verhalten ist immer ein Zeichen von mangelnder Souveränität.

Selbstüberprüfung

Stellen Sie sich vor einen großen Spiegel und schauen Sie sich kritisch an. Nehmen Sie eine bequeme Haltung ein und lassen Sie Ihre Arme locker hängen. Oder Sie halten die Hände in Hüfthöhe.

Denken Sie an die Übung, wenn Sie wieder vor einer größeren Gruppe stehen. Nehmen Sie diese lockere Haltung bei jeder Gelegenheit ein – im Freundeskreis wie im beruflichen Umfeld. Sie wird Ihnen nach einiger Zeit in Fleisch und Blut übergehen und Ihnen dann auch in Stresssituationen mühelos gelingen.

Fragen Sie Ihnen vertraute Personen nach Ihrem Auftritt, wie Sie auf andere gewirkt haben. Sie werden feststellen, dass Ihre eigene Einschätzung sehr viel strenger ist als die Ihres Umfelds.

Schwachstellen lassen sich am leichtesten ausmerzen, wenn Ihnen im Nachhinein eine Aufzeichnung zur Verfügung steht und Sie sich in Ruhe Ihre Darbietung vor Augen führen können. Sie werden dann auch leicht herausfinden, ob Ihre Gestik zu Ihrer Persönlichkeit passt.

Gestik	Mögliche Wirkung
Weite Armbewegungen	Sicherheit, Offenheit
Enge Armbewegungen	Unsicherheit, Verschlossenheit
Arme verschränkt	Abwarten, Ablehnung, Verschließen

Gestik	Mögliche Wirkung
Arme vor der Brust gekreuzt	Ergebenheit, Demut, Schutz
Starkes Gestikulieren	Engagement, Temperament, Euphorie, Aggressivität, Unruhe
Öffnen der Hand	Entspannung
Beide Handflächen senkrecht	Abgrenzung, Strukturierung
Handfläche nach unten	Besänftigung, Unterdrückung
Handflächen bilden eine Schale bei ausgestreckten Armen	Bereitschaft zu geben und zu nehmen
Eine Handfläche senkrecht mit gespreizten Fingern	Engagement
Hände auf dem Rücken	Zurückhaltung, Distanz, Oberlehrer
Händereiben	Freude, Schadenfreude, Unruhe, „Hände in Unschuld waschen"
Händedruck:	
▸ lasch und flüchtig	Zurückhaltung, Unentschlossenheit, Reserviertheit, Distanz
▸ kräftig und sicher	Sicherheit, Herzlichkeit, Engagement, Entschlossenheit
▸ zu stark, zu energisch	Zupackend, Demonstration von Stärke, Rücksichtslosigkeit, will andere in die Knie zwingen, Dominanz
Zeigefinger heben	Ermahnung, Belehrung, Aufmerksamkeit wecken
Zeigefinger auf jemanden richten	Angriff, Anklage, Zeigen
Daumen nach oben	O. k., Zustimmung

Gestik	Mögliche Wirkung
Daumen nach unten	Ablehnung
Daumen und Zeigefinger bilden einen Kreis	O. k., Unterstreichung einer Aussage, Präzisionszeichen
Mit dem Finger auf den Tisch pochen	Nachdruck verleihen, eventuell aggressiv
Finger berühren das Gesicht	
▶ kurze Zeit	Verlegenheit, Unsicherheit
▶ längere Zeit	Nachdenken, Konzentration
Zeigefinger tippt an die Stirn	„Du spinnst ja …"
Mittelfinger hoch strecken	obszöne Geste

Gestik und ihre mögliche Wirkung auf den Zuhörer

Auf den Punkt gebracht

Ihre Körpersprache sagt sehr viel über Ihren Gemütszustand aus. Versuchen Sie, sie gezielt einzusetzen. Achten Sie auf Ihre Körper- und Kopfhaltung, auf Ihre Mimik und Gestik. Untermalen Sie Ihren Vortrag mit passenden Gebärden, aber übertreiben Sie nicht.

Ihr Äußeres – ein wichtiger Erfolgsfaktor

> *„Man empfängt die Leute nach ihrem Kleide*
> *– und entlässt sie nach ihrem Verstand."*
> *(Sprichwort)*

Noch bevor Sie das erste Wort gesprochen haben, macht sich Ihr Publikum bereits ein Bild von Ihnen. Und der erste

Eindruck, den wir von einer Person haben, ist für gewöhn-
lich ein visueller. Bauen Sie durch Ihr Äußeres Barrieren auf,
so haben Sie es entschieden schwerer, Ihr eindrucksvolles
Fachwissen an den Mann (oder die Frau) zu bringen. Also
überlegen Sie sich schon im Vorfeld auch in puncto Kleidung, wie die Erwartungshaltung Ihres Publikums ist:

▸ Drückt Ihre Kleidung Ihre Persönlichkeit aus?

▸ Passt sie zu der Position, die Sie bekleiden?

▸ Steht sie im Einklang mit dem Unternehmen, das Sie
  vertreten?

Welche Kleidung ist angebracht?

*Wenn Sie als Anlageberater vor Ihren Kunden stehen, die
Ihnen große Geldsummen anvertrauen, so wäre es sicher
nicht ratsam, durch Ihre Garderobe große Experimentier-
freude zu signalisieren. Wollen Sie jedoch als Chef einer
großen Werbeagentur, die von sich behauptet, über eine
Vielzahl hochkreativer Köpfe zu verfügen, für ein spritziges
Werbekonzept begeistern, wäre mausgrau und nadelstrei-
fig nicht geeignet.*

Senden Sie auch bitte keine Signale aus, die gegenläufig
sind. Ein dunkler Anzug mit Weste, kombiniert mit einem
Brillant im Nasenloch verwirrt Ihr Publikum ganz erheblich,
weil niemand mehr weiß, wie er Sie einzuschätzen hat. Ihre
Zuhörer möchten Sie einordnen können – erst dann werden sie Ihren Ausführungen die rechte Aufmerksamkeit
widmen.

Vorsicht vor zu enger Kleidung!

Tragen Sie bitte niemals Kleidung, die Sie einengt. Dass die kleinere Größe schlanker macht, ist ein arger Trugschluss. Das Gegenteil ist der Fall. Stehen Sie als Redner vor Ihrem Publikum, haben Sie selbstverständlich stets Ihr Jackett zu schließen. Wenn dann die Jacke über der Schulter eine Querfalte bildet und unten die Schlitze offen stehen, haben Sie eine Nummer zu klein gekauft. Rednerinnen werden garantiert aus dem Konzept gebracht, wenn sie während Ihres Vortrags ständig den zu engen Rock über die Knie ziehen müssen.

> Unsere Kleidung sollte uns locker umfließen – und nicht wie eine Pelle einzwängen. Damit Sie sich stets ein umfassendes Bild über Ihre Erscheinung machen können, empfiehlt sich dringend die Anschaffung eines großen Spiegels – und eines Handspiegels für die Sicht von hinten.

Zu enge Kleidung wirkt niemals elegant. Bei Frauen kommt als entscheidender Faktor noch hinzu, dass sie im Geschäftsleben alles vermeiden sollten, was betont weiblich wirkt. Laute Farben, zu kurze Röcke, zu viel Schmuck, zu viel Schminke und zu intensives Parfum, extrem hochhackige Schuhe – das alles führt dazu, dass der Rednerin weniger Fachkompetenz zugebilligt wird.

Das klassische Outfit

Welchen Spielraum Sie für modische Extravaganzen haben, hängt ganz entschieden von der Branche ab, in der Sie tätig sind. Für offizielle Anlässe, bei denen Sie sich vor einem größeren Kreis präsentieren, ist in aller Regel noch immer der dunkle Anzug angemessen. Für Damen gilt – entsprechend – ein Kostüm in gedeckten Farben mit knielangem Rock.

Die Krawatte gilt als sehr aussagekräftig für die Persönlichkeit des Trägers. Sind Sie nicht sehr stilsicher, vermeiden Sie besser auffallende, großgemusterte Exemplare. Mit einer Seidenkrawatte mit kleinem, dezentem Muster liegen Sie immer richtig.

Die Anzughose sitzt locker auf der Taille, der Umschlag berührt vorne mit einem kleinen Knick den Schuh. Hinten ist die Absatzkante sichtbar. Die Hosenbeine dürfen keine Ziehharmonika bilden. Hosenträger können den Sitz des Beinkleids erheblich verbessern, doch dürfen Sie unter der Anzugjacke niemals sichtbar sein. In die Hosentaschen gehört … Nichts! Das blütenweiße, gebügelte Stofftaschentuch bringt der Herr in der rechten Brusttasche des Jacketts unter – es darf sich allerdings niemals abzeichnen. In die Schlaufen der Anzughose gehört immer ein dezenter Ledergürtel. Nichts wirkt so nachlässig wie Schlaufen ohne Inhalt. Denn im Sitzen ist das Jackett geöffnet, damit es keine Querfalten gibt. Beim Aufstehen wird es durch den automatischen Griff stets schnell geschlossen.

Das klassische Hemd ist noch immer von heller Farbe – und aus Naturfasern. In die Hemdtaschen gehört kein Füllhalter oder Kugelschreiber, was bei Technikern und Naturwissenschaftlern oftmals üblich ist. Kräftigblaue Hemden sind nicht empfehlenswert für Männer mit starkem Bartwuchs, denn dieser wird gegen Ende eines langen Arbeitstages durch diese Farbe optisch verstärkt.

Eine Umfrage ergab, dass ein dunkles Oberhemd mit einer hellen Krawatte stets weniger Fachkompetenz signalisiert. Versuchen Sie also, derartige Kombinationen zu vermeiden

Dunkle Schnürschuhe, blitzblank gewienert, gehören zum gepflegten Outfit des Herrn. Seine Kleidung wird stets nach unten dunkler, deshalb sollten Socken im Ton des Hosensaums gewählt werden. Kniestrümpfe für den Herrn sind sehr empfehlenswert, damit auch beim Sitzen die stachelige Wade bedeckt bleibt. Für die Frau im Geschäftsleben gilt: Strümpfe sind ein absolutes Muss. Nackte Beine bleiben – auch bei hochsommerlichen Temperaturen – dem Freizeitbereich vorbehalten.

Weniger ist oft mehr ...

Sind Sie nicht ausgesprochen stilsicher, so hüten Sie sich vor gewagten Farbkombinationen oder kräftigem Muster- und Materialmix. Zeitlose, dezente und elegante Kleidung lassen Sie seriöser und souveräner erscheinen. Ihr harmonischer Gesamteindruck sollte im Gedächtnis Ihrer Zuhörer bleiben – nicht modische Extravaganzen. Vermeiden Sie auffallende Statussymbole. Dies gilt insbesondere für Uhren und Schmuck. Denken Sie stets daran: Weniger ist mehr!

Ihre Kleidung sollte so bequem sein, dass Sie sie während Ihres Vortrags einfach vergessen können. Sie sollen sich wohlfühlen. Schließlich gibt es doch genug wichtige Dinge, auf die Sie achten müssen. Ein rutschendes Kleidungsstück beansprucht Ihre Aufmerksamkeit ganz gehörig und lenkt Sie von Ihren Ausführungen ab. Ein perfektes Erscheinungsbild gibt Ihnen Sicherheit und steigert Ihr Selbstbewusstsein.

> **Auf den Punkt gebracht**
>
> Ihr Outfit sollte stets zum Anlass und zu Ihnen passen und möglichst bequem sein. Zwängen Sie sich also nicht in zu enge Kleidung und verwirren Sie Ihr Publikum nicht mit widersprüchlichen Signalen.

Sprachgewohnheiten

Ihre Sprache ist Ihre Visitenkarte, in der Wirkung ähnlich wie Ihre Körpersprache und Ihr Erscheinungsbild. Wenn Sie beispielsweise Gespräche am Telefon führen, hat das gesprochene Wort eine außergewöhnlich große Aussagekraft, weil die Komponenten Mimik und Gestik fehlen. Ebenso haben Sie nicht die Möglichkeit, Ihre Wirkung durch ein ansprechendes Äußeres zu unterstreichen.

Doch auch wenn Sie einen Vortrag halten, hängt der Erfolg entscheidend von der richtigen Wortwahl ab. Ihre positive Grundeinstellung sollten Sie immer durch entsprechende Formulierungen vermitteln.

Negative Formulierungen

Welche Menschen mögen wir in aller Regel am liebsten? Ich denke, diejenigen mit einer positiven Ausdrucksweise. Versuchen also auch Sie, möglichst positiv zu formulieren.

> *Der kleine Unterschied ...*
>
> *Ob Sie ein Schild mit der Aufschrift „Das Parken in der Einfahrt ist verboten." oder eines aufstellen, auf dem „Bitte benutzen Sie den Parkplatz gegenüber." zu lesen ist, spielt von der Bedeutung her keine Rolle. Doch die Wirkung auf den Leser ist doch eine ganz andere.*

Denken Sie daran: Fast alles, was Sie negativ ausdrücken, lässt sich auch in positive Worte kleiden: Unternehmen, die in der gleichen Branche ihren Umsatz tätigen, bezeichnen Sie beispielsweise eleganter als „Mitbewerber" oder „Marktbegleiter". „Konkurrenz" hört sich doch wirklich ein wenig verbissen an! Das Wörtchen „Tricks" wirkt halbseiden und unseriös, hat doch jeder leicht die Assoziation zu Taschentricks. Die Formulierungen „bewährte Methoden" oder „kostengünstige Lösungen" wecken eher Vertrauen. Und „streiten" werden Sie selbstverständlich mit niemandem – „diskutieren" allerdings schon.

Viel zu häufig verwenden Redner auch das unpersönliche Wörtchen „man". Klingt es nicht sehr viel zugewandter, wenn Sie vorschlagen „Bitte gehen Sie davon aus ...". „Man kann davon ausgehen" wirkt doch recht distanziert!

Füllwörter, Urlaute und Floskeln

Wie wirkt es auf Sie, wenn jemand auf eine Ihnen wichtige Frage mit „natürlich" antwortet? Möglichweise werden Sie Ihren Gesprächspartner für überheblich halten und sich auch leicht diskriminiert fühlen. Die gleiche Wirkung erzielt das Wort „selbstverständlich" in diesem Zusammenhang. Es besagt, dass es doch eigentlich müßig sei, diese Frage als intelligenter Mensch überhaupt zu stellen.

Streichen Sie bitte auch die Füllwörter „im Prinzip ..." oder „prinzipiell" aus Ihrem Wortschatz. Es sei denn, es trifft tatsächlich zu und Sie möchten zum Ausdruck bringen „in diesem Fall geht es um das Prinzip ...".

Als Urlaute bezeichnen wir Füllsel wie „äh" usw. Denken Sie zum Beispiel an Boris Becker oder Edmund Stoiber! Wirken diese unbewussten Äußerungen souverän auf Sie? Sprechen Sie deshalb in kurzen Sätzen. So verlieren Sie nicht so leicht den Faden und müssen nicht durch Urlaute eine Verbindung schaffen. Legen Sie öfter eine Pause ein.

Den Konjunktiv („Ich würde gerne ...", „Ich könnte mir vorstellen" usw.) sollten Sie möglichst selten einsetzen. Ihre Aussagen werden abgeschwächt und Sie wirken zögerlich und nicht so recht von Ihren Argumenten überzeugt.

Spitzfindigkeiten

Stellen Sie sich vor, Sie kündigen an: „Meine Damen und Herren, ich möchte nun das Büffet eröffnen". Könnte sein, dass Ihnen jemand zuruft, dann mögen Sie es doch auch endlich tun. Also, warum so kompliziert? Entrümpeln Sie Ihren Wortschatz! „Meine Damen und Herren, das Büffet ist eröffnet" wirkt doch klar und deutlich!

Verbannen Sie veraltete Schnörkel wie „ich bin so frei", „gestatten Sie, …", „angenehm" aus Ihrem Wortschatz.

Die Formulierung „ich persönlich gehe davon aus …" ist eine doppelte Aussage, denn spreche ich von mir selbst, so ist dies immer persönlich! Auch die Schlussformel vieler Redner „Ich bedanke mich" ist grammatikalisch nicht korrekt. Sprachlich richtig ist es, zu formulieren „Ich danke Ihnen, dass Sie mir so aufmerksam gefolgt sind …" oder „Herzlichen Dank für Ihr Engagement". Im Abschnitt „Interessanter, packender Schluss" ab Seite 33 finden Sie noch weitere Anregungen für ein wirkungsvolles Schlusswort.

Ich weiß, eine schlechte Gewohnheit wieder abzulegen ist schwierig. Doch mit Geduld und Disziplin werden Sie es schaffen. Die Mühe lohnt sich!

Was tun, wenn der Faden reißt?

Viele Redner kennen dieses Phänomen: Sie haben ihre Rede gut vorbereitet, fühlen sich sicher – und mitten im Vortrag ereilt sie der berüchtigte Blackout. Der Kopf ist leer, die Worte fehlen, eine heißt Welle der Angst steigt im Inneren auf. Der Körper schüttet Adrenalin aus, Gedanken an Flucht überfallen den Vortragenden – ganz so wie in grauer Vorzeit, als der Geistesblitz „Flucht" oftmals notwendig fürs Überleben war. Doch in unseren Zeiten können wir nicht weglaufen – der Gesichtsverlust wäre zu groß.

Also wappnen Sie sich besser schon im Vorhinein gegen eine solch heikle Situation. Hier einige hilfreiche Tipps:

▸ Sprechen Sie bewusst langsamer. So gewinnen Sie Zeit zum Nachdenken und finden eher wieder Anschluss.

Gelegenheit zur „Sammlung" und Konzentration haben Sie auch, wenn Sie öfter eine Pause einlegen.

▸ Fassen Sie Ihre letzten Ausführungen nochmals kurz zusammen. Während dieser Zeit wird Ihnen bestimmt einfallen, wie Sie fortfahren wollten.

▸ Stellen Sie Ihrem Publikum eine offene Frage, z. B.: „Welche Fragen haben Sie noch zu diesem Punkt?" oder: „Wie sind Ihre Erfahrungen diesbezüglich?" Auch hierdurch gewinnen Sie wertvolle Zeit. Legen Sie im Anschluss an Ihre Frage eine Pause ein.

▸ Wechseln Sie geschickt das Thema: „Lassen Sie uns nun zu dem wichtigen Bereich der Unternehmensentwicklung kommen." Niemand wird dies auf negative Weise registrieren, denn nur Sie kennen die Reihenfolge Ihrer Vortragspunkte. Den vergessenen Teil können Sie später geschickt nachschieben: „Ein wichtiger Aspekt, der mir zum Thema Produktionssteigerung noch einfällt, …"

▸ Wenn der Gesamtablauf es zulässt, so schlagen Sie vor, die Kaffeepause vorzuverlegen: „Sie sind mir bis hierhin so aufmerksam gefolgt, dass Sie sich jetzt eine Tasse Kaffee verdient haben."

▸ Verwenden Sie ein im Vorfeld bereitgestelltes Hilfsmittel (z. B. Schaubild, Versuch).

▸ Entwaffnen Sie Ihre Zuhörer und sagen Sie die Wahrheit: „Entschuldigung, jetzt habe ich den Faden verloren …" Diesen Ausweg sollten Sie nur wählen, wenn Ihre Rede bis hierhin ein Erfolg war – und bitte nur einmal!

▸ Bereiten Sie stets Ihr Manuskript oder Ihren Stichwortzettel so übersichtlich vor, dass Sie sich auch in einer Krisensituation darauf zurechtfinden. Wenn Sie sich im Vorfeld gründlich damit beschäftigt haben, lesen Sie den nächsten Punkt einfach ab und fahren mit Ihren Ausführungen fort.

So sind Sie gut gewappnet

Wenn Sie die folgenden Tipps beherzigen so steht dem Erfolg Ihrer Rede nichts mehr entgegen:

▸ Beginnen Sie frühzeitig mit der Vorbereitung.

▸ Führen Sie eine Generalprobe durch.

▸ Starten Sie mit einem interessanten, packenden Beginn.

▸ Achten Sie auf Ihre Sprache und Körpersprache.

▸ Aktivieren Sie Ihre Zuhörer.

▸ Zeigen Sie Einfühlungsvermögen. Vermeiden Sie übertriebene Selbstdarstellung.

▸ Für jedes „ich" verwenden Sie fünfmal „Sie".

▸ Berücksichtigen Sie die Erwartungshaltung Ihrer Zuhörer/Teilnehmer.

▸ Versuchen Sie, Ihr Lampenfieber in Grenzen zu halten. Üben Sie sich in Selbstbejahung: „Ich bin gründlich vorbereitet, mein Publikum ist mir positiv gesinnt, …" Doch denken Sie daran: Um engagiert zu wirken, brauchen Sie auch als versierter Redner einen guten Schuss davon.

▸ Bewahren Sie Ruhe bei Angriffen! Sehen Sie Zwischenrufe als Interessensbekundungen Ihrer Zuhörer, mit denen sie weitere Informationen erhalten wollen.

▸ Motivieren Sie Ihr Publikum. Finden Sie heraus, was für Ihre Zuhörer wichtig ist: Sicherheit, Prestige usw. Sprechen Sie auch Sinne und Gefühle an.

▸ Wählen Sie einen interessanten, packenden Schluss. Denken Sie daran: Der erste Eindruck ist entscheidend – und der letzte bleibt!

Auf den Punkt gebracht

Wenn Sie die Empfehlungen dieses Ratgebers beherzigen, werden sich bald die ersten Erfolge bei Ihnen einstellen – wie bei den vielen Tausend Teilnehmern meiner Seminare, die die beschriebenen Techniken und Methoden anwenden. Arbeiten Sie kontinuierlich an Ihrem Erfolg – es wird sich bestimmt lohnen.

Die besten Zitate zum Schluss

„Eine gute Rede hat einen guten Anfang und ein gutes Ende und beide sollten möglichst dicht beieinander liegen."
(Mark Twain, amerikanischer Schriftsteller)

„Ob sich Redner darüber klar sind, dass 90 % des Beifalls, den sie beim Zusammenfalten des Manuskriptes entgegennehmen konnten, ein Ausdruck der Erleichterung ist?"
(Robert Lembke, deutscher Journalist und Moderator)

„Sprachkürze gibt Denkweite."
(Jean Paul, deutscher Schriftsteller)

„Viel reden heißt, alles zerreden."
(Lew Tolstoi, russischer Schriftsteller)

„Reden ohne Schweigen wird Geschwätz."
(Romano Guardini, Religionsphilosoph und Theologe)

„Eine gute Rede soll das Thema erschöpfen, nicht die Zuhörer."
(Winston Churchill, britischer Politiker und Schriftsteller)

„Ihr könnt predigen, was ihr wollt, aber predigt niemals über vierzig Minuten."
(Martin Luther, deutscher Reformator)

Der Autor

Lothar Haase ist Cheftrainer beim Management Institut Ruhleder in Bad Harzburg. Aus seiner Zeit als Verkaufsleiter und Geschäftsführer verfügt er über sehr viel praktisches Wissen. In jedem Jahr führt er mehr als 90 Veranstaltungen durch. Dazu gehörten Seminare, Vorträge und Workshops in den Bereichen „Rhetorik", „Teamtraining" und „Verkaufsrhetorik". Etwa 280 Firmen gehören zu seinem Kundenkreis. Ebenso Führungskräfte aus der Wirtschaft, die er in Einzeltrainings auf ihre Reden und Vorträge vorbereitet.

Weitere Informationen zum Autor finden Sie unter www.ruhleder.de.

Impressum:

Verlag C. H. Beck im Internet: www.beck.de
ISBN: 978-3-406-57178-7
© 2008 Verlag C. H. Beck oHG
Wilhelmstraße 9, 80801 München

Lektorat und DTP: Text+Design Jutta Cram, 86157 Augsburg,
www.textplusdesign.de
Umschlaggestaltung: Bureau Parapluie, 85253 Großberghofen
Druck und Bindung: Druckerei C. H. Beck, Nördlingen
(Adresse wie Verlag)
Bildnachweis: © Martina Berg/fotolia.de

Gedruckt auf säurefreiem, alterungsbeständigem Papier
(hergestellt aus chlorfrei gebleichtem Zellstoff)